全 世 界 无 产 者 ， 联 合 起 来 ！

恩格斯论历史唯物主义书信选编

中共中央 马克思 恩格斯 著作编译局编译
列 宁 斯大林

人民出版社

编 辑 说 明

马克思、恩格斯和列宁的著作是马克思主义的理论原典,是学习、研究、宣传和普及马克思主义的基础文献。为了适应马克思主义中国化、时代化、大众化不断推进的形势,满足广大读者多层次的需求,我们总结了迄今为止的编译经验,考察了国内外出版的有关读物,吸收了理论界提出的宝贵建议,精选马克思、恩格斯和列宁的重要著述,编成《马列主义经典作家文库》。

文库辑录的文献分为三个系列:一是著作单行本,收录经典作家撰写的独立成书的重要著作;二是专题选编本,收录经典作家集中论述有关问题的短篇著作和论著节选;三是要论摘编本,辑录经典作家对有关专题的论述,按逻辑结构进行编排。

文库编辑工作遵循面向实践、贴近群众的原则,力求在时代特色、学术质量、编排设计方面体现新的水准。

本系列是《马列主义经典作家文库》的专题选编本,以全文收录或部分节选的方式辑录马克思、恩格斯和列宁集中论述各种专题的论文、演讲、书信和笔记,以适应各个领域的读者学习理论和研究问题的需要。在必要的情况下,我们还从未收录的著作中摘选与本专题有关的论述,编成《重要论述摘编》,作为对本专题所收文献的补充,以便更加全面地反映经典作家对相关问题的理论思考和精辟阐述。

专题选编本系列所收的文献均采用马克思、恩格斯和列宁著作最新版本的译文,以确保经典著作译文的统一性和准确性。自1995年起,由我局编译的《马克思恩格斯全集》第二版陆续问世,迄今已出版24卷;从2004年起,我们又先后编译并出版了《马克思恩格斯文集》和《马克思恩格斯选集》第三版。专题选编本系列收录的马克思恩格斯著作采用了上述最新版本的译文,对未收入上述版本的马克思恩格斯著作的译文,我们按照最新版本的编译标准进行了审核和修订;列宁著作则采用由我局编译的《列宁全集》第二版、第二版增订版和《列宁选集》第三版修订版译文。

专题选编本系列采用统一的编辑体例。每本书正文前面均刊有《编者引言》,简要地综述经典作家围绕相关专题提出的理论观点及其重要意义,同时逐篇介绍本书所收著作的主要内容,帮助读者理解原著、把握要义;此外还概括地介绍相关著作写作和流传情况以及中文译本的编译出版情况,供读者参考。正文后面均附有注释和人名索引,以便于读者查考和检索。

专题选编本系列的技术规格沿用《马克思恩格斯全集》第二版和《列宁全集》第二版的相关规定。在马克思、恩格斯、列宁著作的目录和正文中,凡标有星花 * 的标题都是编者加的;引文中的尖括号〈 〉内的文字和标点符号是马克思、恩格斯、列宁加的;未注明"编者注"的脚注,是马克思、恩格斯、列宁的原注;人名索引的条目按汉语拼音字母顺序排列。在马克思恩格斯著作中,引文里加圈点处是马克思、恩格斯加着重号的地方,目录和正文中方括号〔 〕内的文字是编者加的。在列宁著作中,凡注明"俄文版编者注"的脚注都是指《列宁全集》俄文第五版编者加的注,人名索引中的条头括号内用黑体字排印的是相关人物的真实姓名,未加黑体的则是笔名、别名、曾用名或绰号。此外,列宁著作标题下括号内的日期是编者加的;编者加的日期,公历和俄历并用时,俄历在前,公历在后。

中共中央 马克思　恩格斯 著作编译局
列　宁　斯大林

2014 年 6 月

目　　录

1892 年

1893 年

1894 年

1895 年

插　　图

编 者 引 言

　　马克思和恩格斯一生撰写了卷帙浩繁的理论著作,同时留下了大量的书信,记述了他们在革命斗争中的亲身经历,反映了他们对重大理论和实践问题的深邃思考和精辟见解。为了适应新形势下马克思主义理论学习和研究的需要,我们精选了恩格斯从1890年至1895年写的22封书信,编成这本《恩格斯论历史唯物主义书信选编》,书中辑录的书信集中体现了恩格斯晚年为丰富、发展和捍卫历史唯物主义、阐明马克思主义理论精髓和科学品格所作的杰出贡献。

一

　　19世纪80年代末、90年代初,马克思主义在欧美各国得到广泛传播,并逐步在工人运动中确立了主导地位。革命形势的迅速发展,迫使资产阶级改变了反对马克思主义的手法:他们将猖狂的诋毁变为阴险的歪曲,处心积虑地掀起一股把马克思主义庸俗化的浊浪。在这种情况下,历史唯物主义首当其冲,面临着来自两方面的严峻挑战:

一方面是来自资产阶级学者的挑战,其代表人物是德国资产阶级社会学家、莱比锡大学教授保尔·巴尔特(1858—1922)。他在1890年刊行的《黑格尔和包括马克思及哈特曼在内的黑格尔派的历史哲学》一书中,把马克思创立的理论歪曲为"经济唯物主义",诬称马克思只承认经济的决定作用,"把经济发展当成推动历史前进的唯一因素";攻击马克思"全盘否定一切思想观念在历史中的重要作用",甚至把马克思强调历史必然性说成是"宣扬社会宿命论"。坚决回击巴尔特的挑战,彻底廓清他制造的混乱,是捍卫马克思主义在工人运动中的指导地位和崇高声望的迫切需要。这是恩格斯在书信中完整阐述历史唯物主义科学内涵的直接原因。

另一方面的挑战来自德国社会民主党内的小资产阶级派别——"青年派",这个派别的核心成员是一些年轻的著作家、地方党报编辑和大学生。他们不仅极力把冒险主义策略强加给党,而且企图在理论上左右党前进的方向。他们自诩"熟读马克思的书",凭借对马克思主义著作的一知半解,狂妄地以"党的理论家"和"思想领导者"自居,到处夸夸其谈,散布错误观点。他们把唯物史观庸俗化、教条化、标签化,甚至直截了当地重复"从形而上学者杜林那里学来的荒谬论断"(见本书第109页);他们宣称唯物史观主张"经济因素是唯一的决定性因素",而从事社会活动的人则是"受经济摆布的工具"。这些谬论给巴尔特等人提供了攻击历史唯物主义的口实,在党内外造成了恶劣影响。只有坚决批判和清算"青年派"的错误论点和荒唐做法,才能击退资产阶级学者的进攻,引导工人阶级政党和革命群众正确理解和把握马克思主义的理论要义。这是恩格斯在通信中着力阐明历史唯物主义精神实质和马克思主义科学精神的重要目的。

二

恩格斯在致康拉德·施米特、约瑟夫·布洛赫、弗兰茨·梅林、瓦尔特·博尔吉乌斯和韦尔纳·桑巴特等人的书信中,纠正了来自不同方面的对历史唯物主义的曲解,批驳了错误观点,澄清了模糊认识,精辟地论述并发展了历史唯物主义的一系列重要思想,进一步丰富了马克思主义的理论宝库。

一、在坚持历史唯物主义基本原理的前提下,强调上层建筑诸因素的相互影响及其对经济基础的反作用。

恩格斯指出:"根据唯物史观,历史过程中的决定性因素归根到底是现实生活的生产和再生产"(见本书第11页);在各种各样的现实关系中,"经济关系不管受到其他关系——政治的和意识形态的——多大影响,归根到底还是具有决定意义的,它构成一条贯穿始终的、唯一有助于理解的红线。"(见本书第55—56页)这是历史唯物主义基本原理,是被迄今为止的全部历史进程所证实的真理。

但是,正如恩格斯郑重指出的那样,倘若把这个原理加以曲解,说经济因素是唯一决定性的因素,那就会把它变成毫无内容的、抽象的、荒诞无稽的空话。恩格斯在书信中写道:"经济状况是基础,但是对历史斗争的进程发生影响并且在许多情况下主要是决定着这一斗争的形式的,还有上层建筑的各种因素"。(见本书第11页)恩格斯阐述了"上层建筑的各种因素"之间的相互影响及其对经济基础的反作用,他指出:"政治、法、哲学、宗教、文学、艺术等等的发展是以经济发展为基础的。但是,它们又都互相作用并对经济基础发生作用。这并不是说,只有经济状况才是原因,才是积极的,其余一切都不过是消极的结果,而是说,这是在归根到底不断为自己开辟道路的经济必然性的基础上的相互作用。"(见本书第55页)

恩格斯用确凿的事实和周密的论证雄辩地说明,以巴尔特为代表的资产阶级学者对唯物史观的歪曲和攻击是凭空捏造的谎言。他义正词严地指出:"如果巴尔特认为我们否认经济运动的政治等等的反映对这个运动本身的任何反作用,那他就简直是跟风车作斗争了。""如果政治权力在经济上是无能为力的,那么我们何必要为无产阶级的政治专政而斗争呢?暴力(即国家权力)也是一种经济力量!"(见本书第20—21页)

恩格斯具体分析了国家权力对于经济发展产生的反作用,他清晰地指出:"国家权力对于经济发展的反作用可以有三种:它可以沿着同一方向起作用,在这种情况下就会发展得比较快;它可以沿着相反方向起作用,在这种情况下,像现在每个大民族的情况那样,它经过一定的时期都要崩溃;或者是它可以阻止经济发展沿着某些方向走,而给它规定另外的方向——这种情况归根到底还是归结为前两种情况中的一种。但是很明显,在第二和第三种情况下,政治权力会给经济发展带来巨大的损害,并造成大量人力和物力的浪费。"(见本书第17页)

恩格斯深刻地揭示了上层建筑与经济基础之间、国家权力的

影响与经济兴衰之间的辩证关系,从而深化了人们对历史唯物主义的认识。这些论述有力地回击了资产阶级学者的进攻,捍卫了历史唯物主义的科学理论,具有很高的思想价值和深远的理论意义。

二、在肯定社会存在决定社会意识的基础上,阐明社会意识形式的相对独立性。

针对资产阶级学者和党内的"青年派"对唯物史观的肆意歪曲,恩格斯对哲学和宗教同经济基础的相互关系以及各种社会意识形式的相对独立性作了深入阐述。他指出,哲学和宗教与其他社会意识形式不同的特点就在于它们远离经济基础,是"更高地悬浮于空中的意识形态的领域"(见本书第19页)。它们的产生和发展当然离不开经济基础的决定性影响,但是,每个时代的哲学和宗教作为特定的分工领域,都有自身的特殊继承性,都是以前人留下的思想资源和历史传统为出发点的,这就使它们具有相对独立的演进方式和内在规律。这是社会意识具有相对独立性的一个重要表现。与此同时,各种社会意识形式之间相互作用、相互制约、相互渗透、相互影响,这也是它们的相对独立性的一个明显表现。至于社会意识对经济基础的能动作用,则是它们的相对独立性的最显著的表现。

恩格斯的论述说明,意识形态归根结底决定于经济基础,但意识形态同经济基础并不总是同步发展的,它们之间存在着不平衡性;人们不可能根据经济基础的状况,对意识形态的每一种表现形式产生和变化的原因直接作出一一对应的说明。因此,决不能机械地、孤立地、僵化地看待经济基础和上层建筑之间的关系,而应当在唯物史观的指导下,根据客观事实进行细致考察和具体分析。

这种考察和分析,不仅对于马克思主义者的理论探索,而且对于无产阶级政党的革命实践,都具有极为重要的意义。

三、强调历史进程表现为社会生活诸因素之间的相互作用,提出了关于历史发展的根本动力和合力的观点。

恩格斯认为,社会生产力和生产关系的矛盾是历史前进的根本动力,决定着社会发展的基本方向。但是,肯定这一点,并不意味着否认人的意志和人的自觉活动在历史运动中的作用。恩格斯指出:"历史是这样创造的:最终的结果总是从许多单个的意志的相互冲突中产生出来的,而其中每一个意志,又是由于许多特殊的生活条件,才成为它所成为的那样。这样就有无数互相交错的力量,有无数个力的平行四边形,由此就产生出一个合力,即历史结果,而这个结果又可以看做一个作为整体的、不自觉地和不自主地起着作用的力量的产物。因为任何一个人的愿望都会受到任何另一个人的妨碍,而最后出现的结果就是谁都没有希望过的事物。所以到目前为止的历史总是像一种自然过程一样地进行,而且实质上也是服从于同一运动规律的。"(见本书第 12 页)

恩格斯的这段论述运用辩证唯物主义和历史唯物主义方法,深刻地阐明了社会发展的客观规律性与人的主观能动性之间的关系。历史运动的过程是无数相互交错的力量、无数力的平行四边形交互作用的结果,由此也决定了历史的发展是一个不依任何人的意志为转移的自然历史过程,人类需要通过不断的探索掌握贯穿于其中的客观规律。恩格斯提出的"根本动力论"和"合力论",在历史唯物论的基础上突出了历史辩证法。这是恩格斯晚年对历史唯物主义的创新性发展。

三

恩格斯针对理论研究中的教条主义和庸俗化倾向,阐明马克思主义的基本特征、理论品格以及对待马克思主义的科学态度。

在资产阶级学者肆意歪曲和攻击唯物史观的时候,"青年派"和工人阶级政党内部的一些人却以教条化、庸俗化的方式来"诠释"唯物史观;在恩格斯看来,党内的这种"回应"方式不是在捍卫革命理论阵地,而是在"呼应"敌对一方的进攻。面对这种形势,恩格斯严肃地批评了党内那些自称"拥护"唯物史观的教条主义者,指出他们只是把唯物史观当做招牌来使用,从来也没有打算运用这一理论去解决任何实际问题。恩格斯认为这种言行从根本上背离了马克思主义,他说:"唯物史观现在也有许多朋友,而这些朋友是把它当做不研究历史的借口的。正像马克思就70年代末的法国'马克思主义者'所曾经说过的:'我只知道我自己不是马克思主义者。'"(见本书第8页)

与此同时,恩格斯对"青年派"的虚妄做法进行了抨击和批判,他指出:"对德国的许多青年著作家来说,'唯物主义'这个词大体上只是一个套语,他们把这个套语当做标签贴到各种事物上去,再不作进一步的研究,就是说,他们一把这个标签贴上去,就以为问题已经解决了。""他们只是用历史唯物主义的套语(一切都可能被变成套语)来把自己的相当贫乏的历史知识(经济史还处在襁褓之中呢!)尽速构成体系,于是就自以为非常了不起了。"(见本书第8—9页)恩格斯认为,马克思主义科学理论是行动的指南,而某些方向不明、动机不纯、学风不正的人却把它变成空洞无物的套语和随意使用的标签；这种做法不仅不可能解决任何实际问题，而且势必严重地损害无产阶级革命事业。

为了使工人阶级政党的各级领导和广大群众真正用科学理论武装自己的头脑，为了防止马克思主义理论变成套语和标签，同时也为了使年轻的学者们辨明方向、端正学风、走上正道，恩格斯晚年在书信中语重心长、不厌其详地论述马克思主义的理论品格，阐明对待马克思主义应有的科学态度。

1890年6月5日，在致保尔·恩斯特的信中，恩格斯指出："如果不把唯物主义方法当做研究历史的指南，而把它当做现成的公式，按照它来剪裁各种历史事实，那它就会转变为自己的对立物。"（见本书第5页）

1890年8月5日，在致康拉德·施米特的信中，恩格斯强调："我们的历史观首先是进行研究工作的指南，并不是按照黑格尔学派的方式构造体系的杠杆。"（见本书第9页）

1895年3月11日，在致韦尔纳·桑巴特的信中，恩格斯再次明确指出："马克思的整个世界观不是教义，而是方法。它提供的不是现成的教条，而是进一步研究的出发点和供这种研究使用的方法。"（见本书第63页）

在恩格斯看来，马克思主义的科学价值就在于揭示了人类社会发展规律，因此，要做到科学地对待马克思主义的科学理论，最重要的一条就是要坚持理论联系实际的原则，摒弃教条主义的观念，真正把马克思主义理论当做指导实践的指南。为此，恩格斯大力倡导用历史唯物主义指导理论研究，强调"必须重新研究全部历史，必须详细研究各种社会形态的存在条件，然后设法从这些条件中找出相应的政治、私法、美学、哲学、宗教等等的观点"，"这个

领域无限广阔,谁肯认真地工作,谁就能做出许多成绩,就能超群出众。"(见本书第9页)

恩格斯的这些教诲,对于推进马克思主义理论研究、造就马克思主义理论人才起到了重要的指导作用。在恩格斯的指引和勉励下,工人阶级政党内部的学风有了明显的转变和改进,一些年轻党员逐步明确了努力方向,他们的理论研究开始呈现出崭新的气象,这使得恩格斯感到非常欣喜。1892年3月16日,他在致奥古斯特·倍倍尔的信中写道:"二十年来,唯物史观在年轻党员的作品中通常只不过是用来自我吹嘘的辞藻,现在终于开始按其本来面貌得到应用——作为研究历史的主导思想来应用;看到这种情况,确实令人高兴。"(见本书第28页)

此外,恩格斯在书信中还论述了如何学习和掌握马克思主义理论的一系列重要问题。首先,他强调必须从阅读原著入手,要求人们"根据原著来研究这个理论,而不要根据第二手的材料来进行研究"(见本书第13页);其次,他主张联系实际、循序渐进、全面系统地学习,而不要满足于"支离破碎的阅读"(见《马克思恩格斯文集》第10卷第702页);第三,他认为学习要抓住重点,"经常注意总的联系",千万不要陷入"无休止、无结果的对枝节问题的思辨中"(见本书第64—65页)。

恩格斯在这里告诉我们:要想以科学的态度运用和传播科学理论,就必须首先用科学的方法学习和掌握科学理论。

四

恩格斯论历史唯物主义的书信,对于我们深刻认识这位伟大思想家的独特贡献,准确把握马克思主义哲学的思想精髓,具有十分重要的意义。正如列宁指出的那样:"要正确评价马克思的观点,无疑必须熟悉他最亲密的同志和合作者弗里德里希·恩格斯的著作。不研读恩格斯的全部著作,就不可能理解马克思主义,也不可能完整地阐述马克思主义。"(见《列宁全集》中文第 2 版增订版第 26 卷第 95 页)。本书精选和辑录的恩格斯晚年重要书信,有助于我们全面认识历史唯物主义形成和发展的光辉历程,完整领悟历史唯物主义的理论要旨和科学精神,自觉运用这一理论武器去分析社会历史现象、认识社会历史本质;有助于我们进一步遵循坚持和发展相统一、理论与实践相结合的原则,用马克思主义指导和推进社会实践,以社会实践丰富和发展马克思主义。

长期以来,恩格斯关于历史唯物主义的通信一直受到国内外理论界、学术界和出版界的高度重视。从上个世纪起,这些书信的俄文版、德文版、英文版和法文版选编本相继问世。在我国,学习杂志社于 1951 年出版了艾思奇编译的《马克思恩格斯关于历史唯物主义的信》,收录了马克思恩格斯的相关书信 9 封;人民出版社于同年出版了艾思奇编译的《马克思恩格斯关于历史唯物主义的信》,收录了两位革命导师的相关书信 21 封。除此之外,人民出版社还于 1963 年出版了中央编译局编译的《马克思恩格斯书简》,其中也辑录了马克思和恩格斯论历史唯物主义的书信。

我们回顾了恩格斯关于历史唯物主义通信的传播史和研究史,借鉴了迄今为止出版的各种中外文选编本的编辑经验,根据新时代广大读者学习和研究马克思主义的需要,编成这本《恩格斯论历史唯物主义书信选编》。

在本书的附录部分,我们选编了恩格斯的《〈社会主义从空想到科学的发展〉1892 年英文版导言》、《给〈萨克森工人报〉编辑部的答复》以及《答保尔·恩斯特先生》。这些文章以严谨的思路和犀利的文笔批判了资产阶级学者和德国社会民主党内的"青年派"的错误观点,生动地展现了这场理论斗争的时代背景,完整地描述了历史唯物主义形成和发展的历程,阐明了这一科学理论的内涵、要义、实践价值及其在马克思主义理论体系中的地位,对于我们准确领会和全面理解恩格斯晚年论历史唯物主义的书信具有重要启发作用。

本书的译文与资料大都采用《马克思恩格斯文集》和《马克思恩格斯全集》中文第 2 版相关卷次的最新编译成果。只有少量书信选自《马克思恩格斯全集》中文第 1 版,我们对这些书信的译文与资料重新进行了校订和审核。

恩格斯论历史唯物主义
书信选编

1890 年

1

致康拉德·施米特[1]

柏　林

1890 年 4 月 12 日于伦敦

亲爱的施米特:

……您是否在《康拉德年鉴》上看到阿基尔·洛里亚(锡耶纳人)对您的书的评论[1]? 可能有人受洛里亚本人的指使,把它从意大利寄给了我。我认识这个洛里亚。他曾经来过这里,也和马克思通过信,他讲德语,他写的德语跟他那篇文章一样,水平很差。这是我见过的最热衷于追求个人名利的人。当时他认为,小农土地占有制是世界的救星[2],现在他是否还这样想,我就不知道了。

---

① 阿·洛里亚《评康拉德·施米特博士〈在马克思的价值规律基础上的平均利润率〉1889 年斯图加特版》,载于 1890 年《国民经济和统计年鉴》(耶拿)新辑第 20 卷。——编者注

② 阿·洛里亚《地租和地租的自然消失》1880 年米兰-那波利-比萨版。——编者注

他写了一本又一本书,都是剽窃来的,除了意大利,在任何地方甚至在德国也找不出这样无耻的剽窃。例如,几年以前,他出版了一本小书①,把马克思的唯物史观当做**他自己的**最新发现来宣扬,并且把这本东西寄给了**我**!马克思去世时,他写了一篇文章②并寄给了我,文章中宣称:(1)马克思把自己的价值学说建立在自己也意识到的诡辩(公认的诡辩)之上;(2)马克思根本没有写《资本论》第三册,而且也从未打算写,马克思提到它不过是为了捉弄读者,马克思完全知道,根本不可能解决他所答应解决的问题!尽管遭到我的驳斥和痛骂**2**,但我仍不能确信,他不会再用信函或其他邮件来打扰我,因为这个家伙的无耻是没有限度的……

2

致保尔·恩斯特3

柏　　林

[草稿]

1890 年 6 月 5 日于伦敦

尊敬的先生:

　　……至于您用唯物主义方法处理问题的尝试,我首先必须说

---

① 阿·洛里亚《关于政治制度的经济学说》1886 年罗马-都灵-佛罗伦萨版。——编者注

② 阿·洛里亚《卡尔·马克思》,载于 1883 年 4 月 1 日《科学、文学和艺术最新集萃》(罗马)第 2 辑第 38 卷第 7 期。——编者注

明:如果不把唯物主义方法当做研究历史的指南,而把它当做现成的公式,按照它来剪裁各种历史事实,那它就会转变为自己的对立物。如果巴尔先生认为他抓住了您的这种错误,我看他是有点道理的。

您把整个挪威和那里所发生的一切都归入小市民阶层的范畴,接着您又毫不迟疑地把您对**德国**小市民阶层的看法硬加在这个挪威小市民阶层身上。这样一来就有两个事实横亘在您的面前。

第一,当对拿破仑的胜利在整个欧洲成了反动派对革命的胜利的时候,当革命还仅仅在自己的法兰西祖国引起这样多的恐惧,使从国外返回的正统王朝不得不颁布一个资产阶级自由主义宪法的时候,挪威已经找到机会争得一个比当时欧洲的任何一个宪法都要民主得多的宪法。[4]

第二,挪威在最近 20 年中所出现的文学繁荣,在这一时期除了俄国以外没有一个国家能与之媲美。这些人无论是不是小市民,他们创作的东西要比其他人所创作的多得多,而且他们还给包括德国文学在内的其他各国的文学打上了他们的印记。

在我看来,这些事实使我们有必要对挪威小市民阶层的特性作一定程度的研究。

在这里,您也许会发现一个极其重大的区别。在德国,小市民阶层是遭到了失败的革命的产物,是被打断和遏制了的发展的产物;由于经历了三十年战争[5]和战后时期,德国的小市民阶层具有胆怯、狭隘、束手无策、毫无首创能力这样一些畸形发展的特殊性格,而正是在这段时间里,几乎所有的其他大民族都在迅猛发展。后来,当德国再次被卷入历史运动的时候,德国的小市民阶层仍然保留着这种性格;这种性格十分顽强,在我国的工人阶级最后打破这种狭窄的框框以前,它作为一种普遍的德国典型,也给德国的所有其他社会阶级或多或少地打上它的烙印。德国工人"没有祖国",这一点正是最强烈地表现在他们已经完全摆脱了德国小市民阶层的狭隘性。

可见,德国的小市民阶层并不是一个正常的历史状态,而是一幅夸张到了极点的漫画,是一种退化,正如波兰的犹太人是犹太人的漫画一样。英法等国的小资产者和德国的小资产者绝不是处于同一水平的。

而在挪威,掺杂着少量中等资产阶级的小农和小资产阶级(大致和 17 世纪时英法两国的情形一样),好几个世纪以来都是正常的社会状态。在挪威,谈不上由于伟大运动的失败和三十年战争而被迫退回到过时的状态中去。这个国家由于它的闭塞和自然条件而落后,可是,它的状况是完全适合它的生产条件的,因而是正常的。只是直到最近,这个国家才零散地出现了一点点大工业,可是在那里并没有资本积聚的最强有力的杠杆——交易所,此外,海外贸易的猛烈扩展也正好产生了保守的影响。因为在其他各地轮船都在排挤帆船的时候,挪威却在大规模地扩大帆船航运,它所拥有的帆船队即使不是世界上最大的,无疑也是世界上第二大的,而这些船只大部分都为中小船主所有,就像 1720 年前后的英国那样。但是这样一来,旧有的停滞状态毕竟开始运动了,这种运动也表现在文学的繁荣上。

挪威的农民**从来都不是农奴**,这使得全部发展(卡斯蒂利亚的情形也类似)具有一种完全不同的背景。挪威的小资产者是自由农民之子,在这种情况下,与堕落的德国小市民相比,他们是**真正的人**。同样,挪威的小资产阶级妇女与德国的小市民妇女相比也不知要好多少倍。就拿易卜生的戏剧来说,不管有怎样的缺点,它们却反映了一个虽然是中小资产阶级的、但与德国相比却有天渊之别的世界;在这个世界里,人们还有自己的性格以及首创精神,并且独立地行动,尽管在外国人看来往往有些奇怪。因此,在我对这类东西作出判断以前,我宁愿先把它们彻底了解清楚……

3

致康拉德·施米特

柏　　林

1890年8月5日于伦敦

亲爱的施米特:

　　……我在维也纳的《德意志言论》**6**杂志上看到了莫里茨·维尔特这只不祥之鸟所写的关于保尔·巴尔特所著一书①的评论②,这个评论使我也对该书本身产生了不良的印象。我想看看这本书,但是我应当说,如果莫里茨这家伙正确地引用了巴尔特的

---

① 保·巴尔特《黑格尔和包括马克思及哈特曼在内的黑格尔派的历史哲学》1890年莱比锡版。——编者注
② 莫·维尔特《现代德国对黑格尔的侮辱和迫害》,载于1890《德意志言论》第10年卷。——编者注

一段话,在这段话中,巴尔特说他在马克思的一切著作中所能找到的哲学等等依赖于物质存在条件的唯一的例子,就是笛卡儿宣称动物是机器,那么我就只好为这个人竟能写出这样的东西感到遗憾了。既然这个人还没有发现,物质存在方式虽然是始因,但是这并不排斥思想领域也反过来对物质存在方式起作用,然而是第二性的作用,那么,他就决不可能了解他所谈论的那个问题了。但是,我已经说过,这全是第二手的东西,而莫里茨这家伙是一个危险的朋友。唯物史观现在也有许多朋友,而这些朋友是把它当做**不**研究历史的借口的。正像马克思就 70 年代末的法国"马克思主义者"所曾经说过的:"我只知道我自己不是马克思主义者。"

在《人民论坛》上也发生了关于未来社会中的产品分配问题的辩论:是按照劳动量分配呢,还是用其他方式。[7]人们对于这个问题,是一反某些关于公平原则的唯心主义空话而处理得非常"唯物主义"的。但奇怪的是谁也没有想到,分配方式本质上毕竟要取决于**有多少**产品可供分配,而这当然随着生产和社会组织的进步而改变,从而分配方式也应当改变。但是,在所有参加辩论的人看来,"社会主义社会"并不是不断改变、不断进步的东西,而是稳定的、一成不变的东西,所以它应当也有个一成不变的分配方式。而合理的想法只能是:(1)设法发现将来由以**开始的**分配方式,(2)尽力找出进一步的发展将循以进行的**总趋向**。可是,在整个辩论中,我没有发现一句话是关于这方面内容的。

对德国的许多青年著作家来说,"唯物主义"这个词大体上只是一个套语,他们把这个套语当做标签贴到各种事物上去,再不作进一步的研究,就是说,他们一把这个标签贴上去,就以为问题已经解决了。但是我们的历史观首先是进行研究工作的指南,并不是按照黑格尔学派的方式构造体系的杠杆。必须重新研究全部历史,必须详细研究各种社会形态的存在条件,然后设法从这些条件中找出相应的政治、私法、美学、哲学、宗教等等的观点。在这方面,到现在为止只做了很少的一点工作,因为只有很少的人认真地这样做过。在这方面,我们需要人们出大力,这个领域无限广阔,谁肯认真地工作,谁就能做出许多成绩,就能超群出众。但是,许许多多年轻的德国人却不是这样,他们只是用历史唯物主义的套语(**一切**都可能被变成套语)来把自己的相当贫乏的历史知识(经济史还处在襁褓之中呢!)尽速构成体系,于是就自以为非常了不起了。那时就可能有一个巴尔特冒出来,并攻击在他那一圈人中间确实已经退化为套语的东西本身。

但是所有这一切都是会好转的。我们在德国现在已经非常强大,足以经得起许多变故。反社会党人法[8]给予我们一种极大的好处,那就是它使我们摆脱了那些染有社会主义色彩的德国大学生的纠缠。现在我们已经非常强大,足以消化掉这些重又趾高气扬的德国大学生。您自己确实已经做出些成绩,您一定会注意到,在依附于党的青年著作家中间,是很少有人下一番功夫去钻研经济学、经济学史、商业史、工业史、农业史和社会形态发展史。有多少人除知道毛勒的名字之外,还对他有更多的了解呢!在这里,新闻工作者的自命不凡必定支配一切,不过结果也是可想而知的。这些先生们往往以为,一切东西对工人来说都是足够好的。他们竟不知道,马克思认为自己的最好的东西对工人来说也还不够好,他认为给工人提供的东西比最好的稍差一点,那就是犯罪!……

4

致保尔·拉法格

勒　佩　勒

1890 年 8 月 27 日于福克斯通
贝尔维尤旅馆

亲爱的拉法格：

……德国党内发生了大学生骚动。[9]近两三年来，许多大学生、著作家和其他没落的年轻资产者纷纷涌入党内。他们来得正是时候，在种类繁多的新报纸的编辑部中占据了大部分位置；他们习惯性地把资产阶级大学当做社会主义的圣西尔军校[10]，以为从那里出来就有权带着军官证甚至将军证加入党的行列。所有这些先生们都在搞马克思主义，然而是 10 年前你在法国就很熟悉的那一种马克思主义，关于这种马克思主义，马克思曾经说过："我只知道我自己不是马克思主义者。"马克思大概会把海涅对自己的模仿者说的话转送给这些先生们："我播下的是龙种，而收获的却是跳蚤。"

这些老兄的无能只能同他们的狂妄相比拟，他们在柏林的新党员中找到了支持。厚颜无耻、胆小怯懦、自吹自擂、夸夸其谈这些特有的柏林习气，现在一下子似乎又都冒了出来；这就是大学生先生们的合唱……

5

致约瑟夫·布洛赫

柯 尼 斯 堡

1890年9月21〔—22〕日于伦敦

尊敬的先生:

……根据唯物史观,历史过程中的决定性因素**归根到底**是现实生活的生产和再生产。无论马克思或我都从来没有肯定过比这更多的东西。如果有人在这里加以歪曲,说经济因素是**唯一**决定性的因素,那么他就是把这个命题变成毫无内容的、抽象的、荒诞无稽的空话。经济状况是基础,但是对历史斗争的进程发生影响并且在许多情况下主要是决定着这一斗争的**形式**的,还有上层建筑的各种因素:阶级斗争的各种政治形式及其成果——由胜利了的阶级在获胜以后确立的宪法等等,各种法的形式以及所有这些实际斗争在参加者头脑中的反映,政治的、法律的和哲学的理论,宗教的观点以及它们向教义体系的进一步发展。这里表现出这一切因素间的相互作用,而在这种相互作用中归根到底是经济运动作为必然的东西通过无穷无尽的偶然事件(即这样一些事物和事变,它们的内部联系是如此疏远或者是如此难于确定,以致我们可以认为这种联系并不存在,忘掉这种联系)向前发展。否则把理论应用于任何历史时期,就会比解一个简单的一次方程式更容易了。

　　我们自己创造着我们的历史,但是第一,我们是在十分确定的前提和条件下创造的。其中经济的前提和条件归根到底是决定性的。但是政治等等的前提和条件,甚至那些萦回于人们头脑中的传统,也起着一定的作用,虽然不是决定性的作用。普鲁士国家也是由于历史的、归根到底是经济的原因而产生出来和发展起来的。但是,恐怕只有书呆子才会断定,在北德意志的许多小邦中,勃兰登堡成为一个体现了北部和南部之间的经济差异、语言差异,而自宗教改革以来也体现了宗教差异的强国,这只是由经济的必然性决定的,而不是也由其他因素所决定的(在这里首先起作用的是这样一个情况:勃兰登堡由于掌握了普鲁士而卷入了波兰事件,并因而卷入了国际政治关系,这种关系在奥地利王室权力的形成过程中也起过决定性的作用)。要从经济上说明每一个德意志小邦的过去和现在的存在,或者要从经济上说明那种把苏台德山脉至陶努斯山所形成的地理划分扩大成为贯穿全德意志的真正裂痕的高地德语音变的起源,那么,很难不闹出笑话来。

　　但是第二,历史是这样创造的:最终的结果总是从许多单个的意志的相互冲突中产生出来的,而其中每一个意志,又是由于许多特殊的生活条件,才成为它所成为的那样。这样就有无数互相交错的力量,有无数个力的平行四边形,由此就产生出一个合力,即历史结果,而这个结果又可以看做一个作为整体的、**不自觉地**和不自主地起着作用的力量的产物。因为任何一个人的愿望都会受到任何另一个人的妨碍,而最后出现的结果就是谁都没有希望过的事物。所以到目前为止的历史总是像一种自然过程一样地进行,而且实质上也是服从于同一运动规律的。但是,各个人的意志——其中的每一个都希望得到他的体质和外部的、归根到底是经济的情况（或是他个人的，或是一般社会性的）使他向往的东西——虽然都达不到自己的愿望，而是融合为一个总的平均数，一个总的合力，然而从这一事实中决不应作出结论说，这些意志等于零。相反，每个意志都对合力有所贡献，因而是包括在这个合力里面的。

另外，我请您根据原著来研究这个理论，而不要根据第二手的材料来进行研究——这的确要容易得多。在马克思所写的文章中，几乎没有一篇不是贯穿着这个理论的。特别是**《路易·波拿巴的雾月十八日》**①，这本书是运用这个理论的十分出色的例子。**《资本论》**中的许多提示也是这样。再者，我也可以向您指出我的《欧根·杜林先生在科学中实行的变革》②和《路德维希·费尔巴哈和德国古典哲学的终结》③，我在这两部书里对历史唯物主义作了就我所知是目前最为详尽的阐述。

青年们有时过分看重经济方面，这有一部分是马克思和我应当负责的。我们在反驳我们的论敌时，常常不得不强调被他们否认的主要原则，并且不是始终都有时间、地点和机会来给其他参与相互作用的因素以应有的重视。但是，只要问题一关系到描述某个历史时期，即关系到实际的应用，那情况就不同了，这里就不容许有任何错误了。可惜人们往往以为，只要掌握了主要原理——而且还并不总是掌握得正确，那就算已经充分地理解了新理论并且立刻就能够应用它了。在这方面，我不能不责备许多最新的"马克思主义者"，他们也的确造成过惊人的混乱……

---

① 见《马克思恩格斯文集》第2卷。——编者注
② 恩格斯《反杜林论》，见《马克思恩格斯文集》第9卷。——编者注
③ 见《马克思恩格斯文集》第4卷。——编者注

6

致康拉德·施米特

柏　林

1890 年 10 月 27 日于伦敦

亲爱的施米特:

我现在刚刚抽出空来给您写回信。我认为,如果您接受《苏黎世邮报》[11]的聘请,那您做得很对。在那里,您总可以在经济方面学到一些东西,特别是如果您注意到,苏黎世毕竟只是第三等的货币和投机市场,因而在那里得到的印象都是由于双重和三重的反映而被削弱或者被故意歪曲了的。但是您会在实践中熟悉全部机制,并且不得不注意来自伦敦、纽约、巴黎、柏林、维也纳的第一手交易所行情报告,这样,您就会看到反映为货币和证券市场的世界市场。经济的、政治的和其他的反映同人的眼睛中的反映完全一样,它们都通过聚光透镜,因而表现为倒立的影像——头足倒置。只是缺少一个使它们在观念中又正过来的神经器官。货币市场的人所看到的工业和世界市场的运动,恰好只是货币和证券市场的倒置的反映,所以在他们看来结果就变成了原因。这种情况我早在 40 年代就在曼彻斯特看过[12]:伦敦的交易所行情报告对于认识工业的发展进程及其周期性的起落是绝对无用的,因为这些先生们想用货币市场的危机来解释一切,而这种危机本身多半只是一些征兆。当时的问题是有人要否认工业危机来源于暂时的生产过剩，所以问题还有让人们趋向于进行曲解这一方面。现在，至少对我们来说这一点已经永远消失，而且事实的确是这样：货币市场也会有自己的危机，工业中的直接的紊乱对这种危机只起次要的作用，甚至根本不起作用。这里还需要弄清和研究一些问题，特别是要考虑到最近 20 年的历史。

凡是存在着社会规模的分工的地方，局部劳动过程也都成为相互独立的。生产归根到底是决定性的东西。但是，产品贸易一旦离开本来的生产而独立起来，它就循着本身的运动方向运行，这一运动总的说来是受生产运动支配的，但是在单个的情况下和在这个总的隶属关系以内，它毕竟还是循着这个新因素的本性所固有的规律运行的，这个运动有自己的阶段，并且也对生产运动起反作用。美洲的发现是先前就已经驱使葡萄牙人到非洲去的那种黄金欲所促成的（参看泽特贝尔《贵金属的生产》），因为 14 世纪和 15 世纪蓬勃发展的欧洲工业以及与之相适应的贸易，要求有更多的交换手段，这是德国——1450—1550 年的白银大国——所提供不出来的。葡萄牙人、荷兰人和英国人在 1500—1800 年间侵占印度，目的是要从印度**输入**，谁也没有想到要向那里输出。但是这些纯粹由贸易利益促成的发现和侵略，终归还是对工业起了极大的反作用：只是由于有**向**这些国家**输出**的需要，才创立和发展了大工业。

货币市场也是如此。货币贸易同商品贸易一分离，它就有了——在生产和商品贸易所决定的一定条件下并在这一范围内——它自己的发展，它自己的本性所决定的特殊规律和独特阶段。此外，货币贸易在这种进一步的发展中扩大到证券贸易，这些证券不仅是国家证券,而且也包括工业和运输业的股票,因而总的说来支配着货币贸易的生产,有一部分就为货币贸易所直接支配,这样货币贸易对于生产的反作用就变得更为厉害而复杂了。金融家是铁路、矿山、钢铁厂等的所有者。这些生产资料获得了双重的性质:它们的经营时而应当适合于直接生产的利益,时而应当适合于股东(就他们同时是金融家而言)的需要。关于这一点,最明显的例子就是北美的铁路。这些铁路的经营完全取决于杰·古尔德、万德比尔特这样一些人当前的交易所业务——这种业务同某条特定的铁路及其作为交通工具来经营的利益是完全不相干的。甚至在英国这里我们也看到过各个铁路公司为了划分地盘而进行的长达数十年之久的斗争,这种斗争耗费了巨额资金,它并不是为了生产和运输的利益,而完全是由于竞争造成的,这种竞争往往只有一个目的,即让握有股票的金融家便于经营交易所业务。

在上述关于我对生产和商品贸易的关系以及两者和货币贸易的关系的见解的几点说明中,我基本上也已经回答了您关于历史唯物主义本身的问题。从分工的观点来看问题最容易理解。社会产生它不能缺少的某些共同职能。被指定执行这种职能的人,形成**社会内部**分工的一个新部门。这样,他们也获得了同授权给他们的人相对立的特殊利益,他们同这些人相对立而独立起来,于是就出现了国家。然后便发生像在商品贸易中和后来在货币贸易中发生的那种情形:新的独立的力量总的说来固然应当尾随生产的运动,然而由于它本身具有的、即它一经获得便逐渐向前发展的相对独立性,它又对生产的条件和进程发生反作用。这是两种不相等的力量的相互作用:一方面是经济运动,另一方面是追求尽可能大的独立性并且一经确立也就有了自己的运动的新的政治权力。

总的说来,经济运动会为自己开辟道路,但是它也必定要经受它自己所确立的并且具有相对独立性的政治运动的反作用,即国家权力的以及和它同时产生的反对派的运动的反作用。正如在货币市场中,总的说来,并且在上述条件之下,反映出,而且当然是**头足倒置地**反映出工业市场的运动一样,在政府和反对派之间的斗争中也反映出先前已经存在着并且正在斗争着的各个阶级的斗争,但是这个斗争同样是头足倒置地、不再是直接地、而是间接地、不是作为阶级斗争、而是作为维护各种政治原则的斗争反映出来的,并且是这样头足倒置起来,以致需要经过上千年我们才终于把它的真相识破。

国家权力对于经济发展的反作用可以有三种:它可以沿着同一方向起作用,在这种情况下就会发展得比较快;它可以沿着相反方向起作用,在这种情况下,像现在每个大民族的情况那样,它经过一定的时期都要崩溃;或者是它可以阻止经济发展沿着某些方向走,而给它规定另外的方向——这种情况归根到底还是归结为前两种情况中的一种。但是很明显,在第二和第三种情况下,政治权力会给经济发展带来巨大的损害,并造成大量人力和物力的浪费。

此外,还有侵占和粗暴地毁灭经济资源的情况;由于这种情况,从前在一定条件下某一地方和某一民族的全部经济发展可能被毁灭。现在,这种情况多半都有相反的作用,至少在各大民族中间是如此:从长远看,战败者在经济上、政治上和道义上赢得的东西有时比胜利者更多。

法也与此相似:产生了职业法学家的新分工一旦成为必要,就又开辟了一个新的独立领域,这个领域虽然一般地依赖于生产和贸易,但是它仍然具有对这两个领域起反作用的特殊能力。在现代国家中,法不仅必须适应于总的经济状况,不仅必须是它的表现,而且还必须是不因内在矛盾而自相抵触的**一种内部和谐一致的**表现。而为了达到这一点,经济关系的忠实反映便日益受到破坏。法典越是不把一个阶级的统治鲜明地、不加缓和地、不加歪曲地表现出来(否则就违反了"法的概念"),这种现象就越常见。1792—1796 年时期革命资产阶级的纯粹而彻底的法的概念,在许多方面已经在拿破仑法典[13]中被歪曲了,而就它在这个法典中的体现来说,它必定由于无产阶级的不断增长的力量而每天遭到各种削弱。但是这并不妨碍拿破仑法典成为世界各地编纂一切新法典时当做基础来使用的法典。这样,"法的发展"的进程大部分只在于首先设法消除那些由于将经济关系直接翻译成法律原则而产生的矛盾,建立和谐的法的体系,然后是经济进一步发展的影响和强制力又一再突破这个体系,并使它陷入新的矛盾(这里我暂时只谈民法)。

经济关系反映为法的原则,同样必然是一种头足倒置的反映。这种反映是在活动者没有意识到的情况下发生的;法学家以为他是凭着先验的原理来活动的,然而这只不过是经济的反映而已。这样一来,一切都头足倒置了。而这种颠倒——在它没有被认识的时候构成我们称之为**意识形态观点的**那种东西——又对经济基础发生反作用,并且能在某种限度内改变经济基础,我认为这是不言而喻的。以家庭的同一发展阶段为前提,继承法的基础是经济的。尽管如此,也很难证明:例如在英国立遗嘱的绝对自由,在法国对这种自由的严格限制,在一切细节上都只是出于经济的原因。但是二者都对经济起着很大的反作用，因为二者都影响财产的分配。

至于那些更高地悬浮于空中的意识形态的领域，即宗教、哲学等等，它们都有一种被历史时期所发现和接受的史前的东西，这种东西我们今天不免要称之为愚昧。这些关于自然界、关于人本身的性质、关于灵魂、魔力等等的形形色色的虚假观念，多半只是在消极意义上以经济为基础；史前时期低水平的经济发展有关于自然界的虚假观念作为补充，但是有时也作为条件，甚至作为原因。虽然经济上的需要曾经是，而且越来越是对自然界的认识不断进展的主要动力，但是，要给这一切原始状态的愚昧寻找经济上的原因，那就太迂腐了。科学的历史，就是逐渐消除这种愚昧的历史，或者说，是用新的、但越来越不荒唐的愚昧取而代之的历史。从事这些事情的人们又属于分工的特殊部门，并且认为自己是致力于一个独立的领域。只要他们形成社会分工之内的独立集团，他们的产物，包括他们的错误在内，就要反过来影响全部社会发展，甚至影响经济发展。但是，尽管如此，他们本身又处于经济发展的起支配作用的影响之下。例如在哲学上，拿资产阶级时期来说这种情形是最容易证明的。霍布斯是第一个现代唯物主义者（18 世纪意义上的），但是当专制君主制在整个欧洲处于全盛时期，并在英国开始和人民进行斗争的时候，他是专制制度的拥护者。洛克在宗教上和政治上都是 1688 年的阶级妥协[14]的产儿。英国自然神论者[15]和他们的更彻底的继承者法国唯物主义者都是真正的资产阶级哲学家，法国人甚至是资产阶级革命的哲学家。在从康德到黑格尔的德国哲学中始终显现着德国庸人的面孔——有时积极地，有时消极地。但是，每一个时代的哲学作为分工的一个特定的领域，都具有由它的先驱传给它而它便由此出发的特定的思想材料作为前提。因此,经济上落后的国家在哲学上仍然能够演奏第一小提琴:18世纪的法国对英国来说是如此(法国人是以英国哲学为依据的),后来的德国对英法两国来说也是如此。但是,不论在法国或是在德国,哲学和那个时代的普遍的学术繁荣一样,也是经济高涨的结果。经济发展对这些领域也具有最终的至上权力,这在我看来是确定无疑的,但是这种至上权力是发生在各个领域本身所规定的那些条件的范围内:例如在哲学中,它是发生在这样一种作用所规定的条件的范围内,这种作用就是各种经济影响(这些经济影响多半又只是在它的政治等等的外衣下起作用)对先驱所提供的现有哲学材料发生的作用。经济在这里并不重新创造出任何东西,但是它决定着现有思想材料的改变和进一步发展的方式,而且多半也是间接决定的,因为对哲学发生最大的直接影响的,是政治的、法律的和道德的反映。

关于宗教,我在论费尔巴哈①的最后一章里已经把最必要的东西说过了。

因此,如果巴尔特认为我们否认经济运动的政治等等的反映对这个运动本身的任何反作用,那他就简直是跟风车作斗争了。他只需看看马克思的《雾月十八日》②,那里谈到的几乎都是政治斗争和政治事件所起的**特殊**作用,当然是在它们**一般**依赖于经济条件的范围内。或者看看《资本论》,例如关于工作日的那一篇③,

---

① 恩格斯《路德维希·费尔巴哈和德国古典哲学的终结》,见《马克思恩格斯文集》第4卷。——编者注
② 马克思《路易·波拿巴的雾月十八日》,见《马克思恩格斯文集》第2卷。——编者注
③ 见《马克思恩格斯文集》第5卷第267—350页。——编者注

那里表明立法起着多么重大的作用,而立法就是一种政治行动。也可以看看关于资产阶级的历史的那一篇(第二十四章)①。再说,如果政治权力在经济上是无能为力的,那么我们何必要为无产阶级的政治专政而斗争呢? 暴力(即国家权力)也是一种经济力量!

但是我现在没有时间来评论这本书②了。首先必须出版第三卷③,而且我相信,例如伯恩施坦也能把这件事情很好地完成。

所有这些先生们所缺少的东西就是辩证法。他们总是只在这里看到原因,在那里看到结果。他们从来看不到:这是一种空洞的抽象,这种形而上学的两极对立在现实世界只存在于危机中,而整个伟大的发展过程是在相互作用的形式中进行的(虽然相互作用的力量很不相等:其中经济运动是最强有力的、最本原的、最有决定性的),这里没有什么是绝对的,一切都是相对的。对他们说来,黑格尔是不存在的⋯⋯

---

① 见《马克思恩格斯文集》第 5 卷第 820—875 页。——编者注
② 保·巴尔特《黑格尔和包括马克思及哈特曼在内的黑格尔派的历史哲学》1890 年莱比锡版。——编者注
③ 马克思《资本论》第三卷。——编者注

1891 年

7

致康拉德·施米特

苏 黎 世

1891 年 7 月 1 日于怀特岛赖德

亲爱的施米特：

我来这里躲几天。**16**彭普斯现在住在这里，她的丈夫在此负责一个经销处。堆到我身上的工作实在太多了，只好来这里几天，呼吸一下新鲜空气，处理刻不容缓的信件。明天就回伦敦。

我面前有您 3 月 5 日和 6 月 18 日两封来信。您关于信用事业和货币市场的著作，最好到第三卷①出版后再脱稿；在这本书里，您可以看到关于这一问题的许多新的东西和更多尚待解决的东西；也就是说，其中既有新的解答，又有新的问题。暑期休养后，将加紧完成第三卷。您的第二个写作计划——向共产主义社会的过渡阶段——值得认真考虑；然而，我劝您：放它九年，

---

① 马克思《资本论》第三卷。——编者注

先不拿出!① 这是目前存在的所有问题中最难解决的一个,因为情况在不断地变化。例如,随着每一个新托拉斯的出现,情况都要有所改变;每隔十年,进攻的目标也会全然不同。

您最近在苏黎世大学的遭遇非常有趣。[17]这些先生们到处都是一样。好吧,愿您取得最后胜利,刺激这帮家伙一下,好从此摆脱他们的纠缠。

巴尔特的书②使我大失所望。我原以为不会有那么多浅薄和轻率的东西。一个人评价每一个哲学家,不是根据他活动中的永恒的、进步的东西,而是根据必然是暂时的、反动的东西,根据**体系**,——这个人还是少说为佳。在巴尔特看来,整个哲学史只不过是已经坍塌的种种体系的"废墟"。同这个所谓的批评家相比,老黑格尔显得多么高大! 巴尔特以为,他在这里或那里搜寻到黑格尔(像其他任何一个建立体系的人一样)在创造自己体系时不得不采用的一点牵强附会的东西,就是对黑格尔的批判! 说黑格尔有时把相反的、互相矛盾的对立物混为一谈,这真是伟大的发现! 如果值得花气力的话,我还可以向他揭露一些完全不同的手法! 巴尔特就是我们莱茵地区所说的那种注重细枝末节的人,他把一切都变成琐碎的东西,如不去掉这种习惯,他就会像黑格尔所说的那样,"从无通过无到无"[18]。

巴尔特对马克思的批评,真是荒唐可笑。他首先制造一种唯物主义的历史理论,说什么这**应当**是马克思的理论,继而发

---

① 贺拉斯《诗论》第 388 行,转义是:不要急于求成,匆忙作出结论。——编者注

② 保·巴尔特《黑格尔和包括马克思及哈特曼在内的黑格尔派的历史哲学》1890 年莱比锡版。——编者注

现,在马克思的著作中根本不是这么回事。但他并未由此得出结论说,是他,巴尔特,把某些不正确的东西强加给了马克思,相反,却说马克思自相矛盾,不会运用自己的理论!"咳,这些人哪怕能**读懂**也好啊!"遇到这类批评时,马克思总是这样感叹。

我手头没有这本书。如果有时间,我还可以给您一一指出几百个歪曲之处。真是可惜。显然,此人如果不是这样急于下最后的结论,还是能做些事情的。希望他最近再写点儿东西,这一定会引起更激烈的抨击;痛斥他一顿,对他会大有好处。

总的说来,我现在的状况很好,我觉得身体比去年这个时候要好些。想来,再休息一下,就会很健康了。让工作少中断些吧!两三个月前,我就着手准备《家庭……的起源》的新版①了。本来,两周内即可完成,但当时收到一份新的纲领草案,必须提出批评意见;**19**后来大陆上又发生了一些这样或那样的小差错,给我们在英国——这里条件虽然很好,但也要慎重从事——筹备布鲁塞尔代表大会**20**等工作造成了一定的困难。这些又打扰了我,使我中断了工作。不管怎样,这一纲领不仅大部分需要重新修改和补充,而且必须**完成**,以便继续准备第三卷。好吧,一切最终都会完成的,因为必须完成。

在这里有身在普鲁士之感。星期天②,遇到四五名斯托什号军舰的水兵,都是些很好的小伙子,并不比英国水兵逊色。今晨,传来隆隆的炮声和阵阵的榴弹爆炸声,这是朴次茅斯要塞在

---

① 恩格斯《家庭、私有制和国家的起源》德文第四版。——编者注
② 1891年6月28日。——编者注

进行射击演习。

彭普斯、珀四和我向您问好。

您的　老弗·恩格斯

8

致康拉德·施米特

苏　黎　世

1891年11月1日于伦敦

亲爱的施米特:

……不读黑格尔的著作,当然不行,而且还需要时间来消化。先读《哲学全书》的《小逻辑》,是很好的办法。可是,您要采用《全集》第六卷的版本,而不要采用罗生克兰茨编的单行本(1845年版),因为前者引自讲课记录的解释性的补充要多得多,尽管亨宁这个蠢驴自己对这些补充也往往不懂。

在导言中您会看到,首先是第26节等批判沃尔弗对莱布尼茨的修改(**历史**意义上的形而上学),其次是第37节等批判英、法经验主义,再其次是第40节及以下几节批判康德,最后是第61节批判雅科比的神秘主义。在第一篇(《存在论》)中,您无须在《存在》和《无》上花费过多的时间;《质》的最后几节,以及《量》和《度》,就好多了。但是,主要部分是《本质论》:揭示了抽象的对立是站不住脚的,人们刚想抓住一个方面,它就悄悄地转化为另一个

25

方面,如此等等。在这里您随时可以通过一些具体的例子弄清问题。例如,您作为未婚夫,会在自己和您的未婚妻身上看到同一和差异不可分离的鲜明例证。根本无法判明:性爱的欢娱,是来自差异中的同一,还是来自同一中的差异。如果抛开差异(这里指的是性别)或同一(两者都属于人类),那您还剩下什么呢?我记得,正是同一和差异的这种不可分离,最初是怎样折磨我的,尽管我们每前进一步都不能不碰到这个问题。

然而,您千万不要像巴尔特先生那样读黑格尔的著作,即在黑格尔的著作中寻找作为他构造体系的杠杆的那些错误推论和牵强之处。这纯粹是小学生做作业。更为重要的是:从不正确的形式和人为的联系中找出正确的和天才的东西。例如,从一个范畴过渡到另一个范畴,或者从一个对立面过渡到另一个对立面,几乎总是随意的,经常是通过俏皮的说法表述的,比如,肯定和否定(第120节)"灭亡了",这样黑格尔就可以转到"根据"①的范畴上去。在这方面思考过多,简直是浪费时间。

在黑格尔那里每一个范畴都代表哲学史上的一个阶段(他在多数情况下也指出了这种阶段),所以您最好把《哲学史讲演录》(最天才的著作之一)拿来作一比较。建议您读一读《美学》,作为消遣。只要您稍微读进去,您就会赞叹不已。

黑格尔的辩证法之所以是颠倒的,是因为辩证法在黑格尔看来应当是"思想的自我发展",因而事物的辩证法只是它的反光。而实际上,我们头脑中的辩证法只是自然界和人类历史中进行的

---

① "灭亡"的原文是"zu Grunde gehen",而"Grund"有"根据"的意思。——编者注

并服从于辩证形式的现实发展的反映。

如果把马克思的从商品到资本的发展同黑格尔的从存在到本质的发展作一比较,您就会看到一种绝妙的对照:一方面是具体的发展,正如现实中所发生的那样;而另一方面是抽象的结构,在其中非常天才的思想以及有些地方是极为正确的转化,如质和量的互相转化,被说成一种概念向另一种概念的表面上的自我发展。这类例子,还可以举出一打来……

1892 年

9

致奥古斯特·倍倍尔

柏　　林

1892 年 3 月 16 日于伦敦

亲爱的奥古斯特:

……梅林发表在《新时代》[21]上的《莱辛传奇》我现在也已读过,感到十分高兴。这的确是一篇出色的作品。要是我的话,有些地方不会这样去论证和细述,不过总的说来,他还是抓住了要领。二十年来,唯物史观在年轻党员的作品中通常只不过是用来自我吹嘘的辞藻,现在终于开始按其本来面貌得到应用——作为研究历史的主导思想来应用;看到这种情况,确实令人高兴。考茨基和爱德在这方面写过一些很好的作品,但梅林更为详细地研究了自己专门的题材,即德国历史中的普鲁士这个角落,而且他的视野更加开阔,尤其他的表达方式更加果断和明确。我希望,这部作品在《新时代》上登完以后,立即出单行本。这是我所见到的对普鲁士传奇这个堡垒最好的真正的围攻:说的是莱辛,指的是老弗里茨①。而

———————

①　弗里德里希二世。——编者注

且,普鲁士传奇无论如何必须打破,然后普鲁士才能融入德国。关于易北河以东的普鲁士无论在德国历史还是在欧洲和世界历史上存在的先决条件,有些地方我倒有不同的看法,但这个问题梅林只是提了一下……

10

致尼古拉·弗兰策维奇·丹尼尔逊

彼 得 堡

1892 年 9 月 22 日于伦敦

尊敬的先生:

……您抱怨机器生产的产品正在排挤家庭工业的产品,从而破坏农民赖以生存的副业生产;可是,这是资本主义大工业的一个全然不可避免的后果:国内市场的形成(《资本论》第二十四章第 5 节①),——这是我当年在德国亲眼看到的现象。就连您所说的棉纺织品的推广不仅使农民的家庭纺织业,而且使农民的**亚麻种植业**遭到破坏这种现象,在德国从 1820 年直到现在就一直存在着。总之,关于问题的这一方面,即家庭工业和与之有关的农业部门的破坏,我看,实际上对你们来说是这样一个问题:俄国人必须作出抉择,他们的家庭工业是由**本国的**大工业还是由**英国商品的输入**

---

① 见《马克思恩格斯文集》第 5 卷第 854—859 页。——编者注

来消灭。如**采用**保护关税政策,这就要由**俄国人**来完成;如**不采用**保护关税政策,就要由**英国人**来完成。在我看来,这一切是显而易见的。

据您统计,大工业和家庭工业的纺织品总产量没有增长,而是处于停滞状态,甚至有所下降,这不仅是完全正确的,而且,如果您得出另外的结果,倒是错误的了。当俄国的工业还局限于国内市场时,它的产品只能用于满足国内的消费。而国内消费只能是缓慢地增长,而且据我看,在俄国目前的条件下,还很可能下降。

要知道,大工业所造成的必然后果之一就是:它在**建立**本国国内市场的过程中,同时又在**破坏**这一市场。它是靠破坏农民家庭工业的基础而建立国内市场的。但是,没有家庭工业,农民就无法生存。他们**作为农民**遭到破产;他们的购买力降到最低点;而他们作为**无产者**在适应新的生存条件以前,对新出现的工业企业来说,将是极为匮乏的市场。

资本主义生产作为一个暂时的经济阶段,充满着各种内在矛盾,这些矛盾随着资本主义生产的发展而发展,并日趋明显。这种在建立自己的市场的同时又破坏这个市场的趋势正是这类矛盾之一。另一个矛盾是资本主义生产所造成的没有出路的状态,这种状态在俄国这样一个**没有**国外市场的国家,比那些在开放的世界市场上多少有些竞争能力的国家要出现得快一些。在后边这些国家中,这种没有出路的状态,似乎可以通过贸易上的剧烈变化和用暴力开辟新市场来摆脱。但是,即使在这样的情况下,这些国家也会陷入困境。就拿英国来说。最后一个新的市场是中国,这一市场的开辟可以使英国的贸易暂时恢复繁荣。因此,英国资本极力要修建中国的铁路。但是,中国的铁路意味着中国小农经济和家庭工业的整个基础的破坏；由于那里甚至没有中国的大工业来予以平衡，亿万居民将陷于无法生存的境地。其后果将是出现世界上从未有过的大规模移民，可憎的中国人将充斥美洲、亚洲和欧洲，并将在劳动市场上以中国的生活水准即世界上最低的生活水准，同美洲、澳洲和欧洲的工人展开竞争；如果在那之前欧洲的整个生产体系还没有发生改变，到那时也必定要发生改变。

　　资本主义生产准备着自身的灭亡，您可以相信，俄国也将会是这样。资本主义生产会引起彻底的土地革命，假如它存在相当长的时间，就必然会引起这一革命，——我指的是土地所有制的革命，这一革命将使地主和农民一同遭到破产，他们将被一个从农村富农和城市投机资产者中产生的新的大土地所有者阶级所代替。不管怎样，我相信在俄国培植资本主义的那些保守派，总有一天会对自己所做的事造成的后果感到震惊。

　　　　　　　　　　　　　　忠实于您的　珀·怀·罗舍[22]

11

致弗兰茨·梅林[23]

柏　　林

1892 年 9 月 28 日于伦敦

尊敬的梅林先生：

　　考茨基把您一封信中向我提出问题的一段话给我寄来了。[24]

如果您因为我好几年前没有答复您的两封来信^{25},而认为不便再给我写信的话,那我就无权对此抱怨了。当时我们分属于不同的阵营,反社会党人法正在实施,我们不得不遵循这样一条规则:谁不赞成我们,谁就是反对我们。况且,如果我没有记错的话,您本人在一封信中也说过,您不指望得到回信。不过,这已经是很久以前的事了,后来我们就在同一个阵营里了。您在《新时代》^{21}上发表了非常出色的文章,对这些文章,我曾在例如给倍倍尔的几封信中①倍加赞扬。因此,我很高兴借此机会直接给您复信。

这种极力把唯物史观的发现归功于历史学派当中的普鲁士浪漫主义者的主张,对我来说确实是新闻。马尔维茨的《遗著》我自己也有一本,而且几年前就读过了;但是,除了关于骑兵的几段出色的描写和坚信贵族对平民鞭打五下的奇效以外,我什么也没有发现。此外,从1841—1842年以来,我对这种书籍就全然感到格格不入了——我只是粗略地翻翻——,可以肯定,在我所谈的问题方面从中毫无所得。马克思在波恩和柏林居住期间,读了亚当·弥勒的著作和冯·哈勒先生的《复兴》等等,他只是以相当轻蔑的口吻评论这些平庸乏味的、辞藻华丽而夸夸其谈的、从法国浪漫主义者约瑟夫·德·梅斯特尔和红衣主教博纳尔德那里剽窃来的货色。即使他碰到了像您从拉韦涅-佩吉朗著作中所引证的地方^{26},纵然他完全弄懂了这些人想说的是什么,当时也决不会给他留下任何印象。马克思当时是黑格尔派,对他来说,这个地方纯属异端邪说;对于经济学,他还一无所知,因而像"经济形式"这样的词对他根本没有任何意义。所以上面所说的这个地方,**即使他有所耳**

---

① 见恩格斯1892年3月8、16日给奥·倍倍尔的信。——编者注

闻,也一定是一个耳朵进,一个耳朵出,不会在记忆中留下什么明显的痕迹。但是,我很难相信,在马克思1837—1842年间读过的那些浪漫派历史学家的著作中,可以找到这类东西的影子。

这个地方确实非常值得注意,但我希望把引文核对一下。我不知道这本书,当然,我知道作者是"历史学派"的信徒。此处有两点不同于现代的观点:(1)这里从经济形式中引申出生产和分配,而不是与此相反,从生产中引申出经济形式;(2)这里给经济形式的"适当运用"硬加上了一种作用,关于这种作用,当人们还没有从该书中弄懂作者指的是什么时,可以作随心所欲的理解。

但是,最奇怪的是,从那些在理论上和实践上以具体的形式歪曲历史最厉害的人那里,仿佛可以找到以抽象的形式表述出来的正确的历史观。这些人通过封建主义这个例子可能就已经看出,国家形式**在这里**是如何从经济形式中发展出来的,因为在这里,可以说一切都昭然若揭,显而易见。我之所以说他们**可能**看出,是因为除了上面提到的那个未经核实的地方以外——您自己说是**从第二手**材料来的——,我在任何地方都没有发现类似的东西,我只发现封建主义的理论家的抽象能力显然不如资产阶级自由派。既然他们中间有一个人把这种关于封建社会的文化发展和国家形式同经济形式的相互关系的观念概括到这样的程度,说它适用于**一切**经济形式和国家形式,那么,一谈到**其他**经济形式,一谈到资产阶级的经济形式以及与它的各个发展阶段相适应的国家形式——中世纪的行会公社、专制君主政体、立宪君主政体、共和政体,这同一个浪漫主义者却又茫无所知,又该作何解释呢?这是很难自圆其说的。况且这个把经济形式看做整个社会制度和国家制度的基础的人,竟然属于这样一个学派,在这个学派看来,17、18世纪的专制君主政体就已经是对于真正的国家学说的犯罪和背叛了！

但是，不管怎么说，这还是意味着，国家形式必然产生于经济形式及其**适当的运用**，正像婴儿诞生于男女婚配一样。关于作者所属学派的那个闻名世界的学说，我只能作这样的解释：真正的经济形式是封建主义的经济形式。但是，由于人们出于私仇而密谋反对这种经济形式，因此，就要对这种经济形式加以"适当的运用"，使它免受攻击，永世长存，并使"国家形式"等等和它永远适应，也就是说，尽可能退回到 13、14 世纪的状况。这样，最好的世界和最美妙的历史理论就会同时实现，而拉韦涅-佩吉朗的概括才会归结到它的真实内容：封建社会产生了封建的国家制度。**27**

暂且我只能设想，拉韦涅-佩吉朗自己也不知道写了些什么。有句谚语说得好，某些动物偶尔也会发现一颗珍珠；而在普鲁士的浪漫主义者中，这样的动物比比皆是。不管怎样，要经常把他们同他们的法国蓝本加以对照——看看这是否也是抄袭来的。

您使我注意到这个问题，谨向您表示感谢。可惜，我现在还不能在这里更详细地探讨这个问题。

忠实于您的　弗·恩格斯

1893 年

12

致弗拉基米尔·
雅柯夫列维奇·施穆伊洛夫

德 累 斯 顿

1893 年 2 月 7 日于伦敦西北区
瑞琴特公园路 122 号

尊敬的同志：

您友好地祝愿我活 90 岁，我非常感谢；如果我仍然能够像现在这样，我并不反对，但是，如果我的肉体和精神注定要像许多人那样变得呆滞的话，那就敬请原谅，我不能从命了。

您在马克思传记方面的要求[28]，很遗憾，我所能做到的很少；我没有这个时间，我正忙于《资本论》第三卷，一时一刻也不能丢开。

关于第一点，除了您已经有的传记材料，我介绍不出更多的东西。至少没有什么可靠的东西。

关于第二点，马克思 1844—1849 年的实际活动，一部分是在工人协会,特别是在 1846—1848 年布鲁塞尔协会[29],一部分是在同盟[30]。但是您在印刷品中,如我们给《宣言》所写的那些序言(1892 年**柏林最新**版本)和附有我的引言①的《揭露共产党人案件》②(1885 年苏黎世版)中,只能找到某些有关他在同盟活动的东西。关于国际,可靠的**只有艾希霍夫**③,他是根据马克思的批注写作的;**其他所有人的东西**,从弗里布尔④到拉夫莱⑤和察赫尔⑥,**完全是谎言和神话**。宁可自己动手写一大本书来正确地阐明事实,也不要把材料交给第三者去加工。但是我可以向您提供有关总委员会同巴枯宁进行决定性斗争的两个出版物(《所谓的分裂》⑦和《社会主义民主同盟》⑧)。埃里蒂埃给《柏林人民论坛》写的《汝拉联合会和米哈伊尔·巴枯宁》一文,渗透着对无政府主义者编造的一切谎言的盲目信任[31],这种信任超出了单纯幼稚的范围,而译者,正如埃里蒂埃给我写信所说的那样,又进一步作了无政府主义的歪曲。(不过,俄国书报检查机关的大删大砍,倒可使您避免许多错误。)

---

① 恩格斯《关于共产主义者同盟的历史》,见《马克思恩格斯文集》第 4 卷。——编者注
② 马克思《揭露科隆共产党人案件》,见《马克思恩格斯全集》中文第 2 版第 11 卷。——编者注
③ 威·艾希霍夫《国际工人协会》1868 年柏林版。——编者注
④ 厄·爱·弗里布尔《国际工人协会》1871 年巴黎版。——编者注
⑤ 埃·拉夫莱《现代社会主义》1881 年布鲁塞尔—海牙版。——编者注
⑥ 格·察赫尔《赤色国际》1884 年柏林第 2 版。——编者注
⑦ 马克思和恩格斯《所谓国际内部的分裂》,见《马克思恩格斯全集》中文第 1 版第 18 卷。——编者注
⑧ 马克思和恩格斯《社会主义民主同盟和国际工人协会》,见《马克思恩格斯全集》中文第 1 版第 18 卷。——编者注

关于第三点,《神圣家族》①无论如何您必须弄到;我自己的这一本在任何情况下也不会拿出去,而叙述该书的内容是一件力所不及的工作,摘出要点,也是办不到的。您应该了解**全**书。在柏林大概可以找到这本书。

关于历史唯物主义的**起源**,在我看来,您在我的《费尔巴哈》(《路德维希·费尔巴哈和德国古典哲学的终结》)中就可以找到足够的东西——马克思的附录②其实**就是**它的起源! 其次,在《宣言》的序言(1892年柏林新版)和《揭露共产党人案件》的引言中也可以找到。

马克思在50年代一个人埋头制定了剩余价值理论③,在他没有完全弄清这一理论的所有结论时,他坚决拒绝发表关于这一理论的任何材料。因此,《政治经济学批判》第二分册及以下各分册都没有出版。

给您寄去《分裂》和《同盟》,希望这些足够您用了;很遗憾,这就是我能为您做的一切。

衷心问候格拉德瑙尔和当地的全体同志们。

您的 弗·恩格斯

---

① 马克思和恩格斯《神圣家族》,见《马克思恩格斯文集》第1卷。——编者注
② 指马克思《关于费尔巴哈的提纲》,见《马克思恩格斯文集》第1卷。——编者注
③ 指马克思在1857年10月至1858年5月所写的经济学手稿。——编者注

13

致尼古拉·弗兰策维奇·丹尼尔逊

彼 得 堡

1893 年 2 月 24 日于伦敦

尊敬的先生：

很久没有写信，请原谅。这也是不得已。我必须努力——尽最大的努力，争取在这个冬春把第三卷①完成。为此我只好放弃所有其他工作，甚至连信也不写，除非非写不可。否则，我不会中止同您继续就那个十分有意思而且重要的问题进行讨论。②

现在，除了一些形式方面的工作以外，我已经结束了第五篇（银行和信用）的**编辑工作**，这一篇无论从内容本身或就**手稿的状况**来说，都是最难的。现在只剩下两篇，占全卷三分之一，其中的一篇（地租）内容也很难，但这一篇的手稿，我记得，要比第五篇的手稿完善得多。因此，我仍有希望在预定期限内完成任务。原先一个很大的困难，是保证在 3—5 个月的时间里不受任何干扰，把全部时间都用在第五篇上，现在这一篇幸而已经完成。在工作的时候，我时常想到这一卷出版之后会带给您多大的喜悦。我将

---

① 马克思《资本论》第三卷。——编者注
② 参看恩格斯 1891 年 10 月 29—31 日、1892 年 3 月 15 日、6 月 18 日和 9 月 22 日给尼·弗·丹尼尔逊的信。——编者注

把清样寄给您,就像过去第二卷那样。[32]

现在我们言归正传。

我们似乎在所有各点上都已取得一致意见,只有一个问题除外;您在10月3日和1月27日的两封信里都谈到了这个问题,虽然两封信是从不同角度谈的。

在头一封信里您问道:1854年以后不可避免地发生的那种经济变革,不但不能促进俄国历史上形成的那些制度的发展,反而必然从根本上破坏它们吗? 换句话说,农村公社[33]不能作为新的经济发展的基础吗?

在1月27日的信中,您用下面的方式表达了同一思想:大工业对俄国来说已经成为必然,但是它以资本主义的形式来发展是不可避免的吗?

好吧,我们来看看。在1854年前后,俄国的起点是:一方面存在着公社,另一方面必须建立大工业。如果您考虑一下你们国家当时总的情况,难道您认为有可能以这样一种方式把大工业嫁接在农民公社上面:一方面使这种大工业的发展成为可能,另一方面又把这种原始的公社提高到世界上空前优越的一种社会制度的水平? 而且是在整个西方都还生活在资本主义制度下的时候? 我认为,这样一种史无前例的发展,它所要求的经济、政治和精神条件,同当时俄国所具有的条件是不同的。

毫无疑问,公社,在某种程度上还有劳动组合,都包含了某些萌芽,它们在一定条件下可以发展起来,使俄国不必经受资本主义制度的苦难。我完全同意我们的作者有关茹柯夫斯基的那封信[34]。但无论他还是我都认为,实现这一点的第一个条件,是**外部的推动**,即西欧经济制度的变革,资本主义在最先产生它的那些国

39

家中被消灭。我们的作者在1882年1月给过去的一篇《宣言》写的一篇序言中,对于俄国的公社能否成为更高级的社会发展的起点这个问题,是这样回答的:假如俄国经济制度的变革与西方经济制度的变革同时发生,"从而双方互相补充的话,那么现今的俄国土地占有制便能成为新的社会发展的起点"。**35**

如果在西方,我们在自己的经济发展中走得更快些,如果我们在10年或20年以前能够推翻资本主义制度,那么,俄国也许还来得及避开它自己向资本主义发展的趋势。遗憾的是,我们的进展太慢,那些必然使资本主义制度达到临界点的经济后果,目前在我们周围的各个国家只是刚刚开始发展:当英国迅速丧失它在工业上的垄断地位的时候,法国和德国正在接近英国的工业水平,而美国正要不仅在工业品方面,而且在农产品方面把它们统统赶出世界市场。美国实行一种至少是相对的自由贸易政策,无疑会彻底摧毁英国的工业垄断地位,同时会破坏德国和法国的工业品出口贸易;然后危机就会到来,这就是到**世纪末**还剩下的一切。而在这期间你们那里的公社却在衰败,我们只能希望我们这里向更好的制度的过渡尽快发生,以挽救——至少是在你们国家一些较边远的地区——那些在这种情况下负有使命实现伟大未来的制度。但事实终究是事实,我们不应当忘记,这种机会正在逐年减少。

其余的我都同意您的意见:俄国是被资本主义大工业征服的**最后**一个国家,同时又是**农民人口最多**的国家,这种情况必然会使这种经济变革所引起的动荡比其他任何地方都更加剧烈。由一个新的**资产阶级**土地占有者阶级代替大约50万地主和大约8 000万农民的过程,只能通过可怕的痛苦和动荡来实现。但历史可以说是所有女神中最残酷的一个,她不仅在战争中,而且在"和平的"经济发展过程中,都驾着凯旋车在堆积如山的尸体上驰骋。而不幸的是,我们人类却如此愚蠢,如果不是在几乎无法忍受的痛苦逼迫之下,怎么也不能鼓起勇气去实现真正的进步。

永远是您的　珀·怀·罗·22

来信请寄给**考茨基夫人**,而不要寄给罗舍夫人。

14

致乔治·威廉·兰普卢

艾林港(马恩岛)

1893 年 4 月 11 日于伦敦西北区
瑞琴特公园路 122 号

亲爱的兰普卢:

……您对地质勘探员的生涯竟如此满意,真是令人惊叹,这使我感到高兴。对您说来,在东区的办公室和粮食交易所从事过枯燥的工作以后,这肯定是真正的放松。我也想用短暂的时间在这样的活动中找到乐趣,不过只能是短期的。我不能够长期脱离大城市的运动。我一直生活在大城市。大自然是宏伟壮观的,为了从历史的运动中暂时脱身去调剂一下生活,我总是乐意回归大自然。但是我觉得,同大自然相比,历史确实更加宏伟壮观。自然界用了数百万年的时间才产生了具有意识的生物,现在这些具有意识的生物又用几千年的时间,才有意识地采取共同行动:不仅意识到自己作为个体在采取行动,而且也意识到自己作为群体在采取行动;共同行动、联合起来去争取实现预想的共同目标。现在我们已经差不多达到这样的程度了。观察这个过程,眼看我们地球的历史上从未有过的情况日益临近实现,对我说来,这是值得认真观察的宏伟景象,而且在我过去的全部经历中,我也一直未能把视线从这里移开。但这是使人疲劳的,尤其是当你觉得负有使命促进这一过程的时候;在这种情况下,去研究大自然就是真正的放松,就是治疗的良药。因为归根到底,自然和历史是我们赖以生活、行动和存在的两大要素……

15

致弗兰茨·梅林

柏　林

1893 年 4 月 11 日于伦敦

尊敬的梅林先生:

发表我 9 月 28 日的信的摘录(您已抄寄给我),我当然丝毫也不反对。我只要求把最后一句改动一下:

"拉韦涅–佩吉朗的概括才会归结到它的真实内容:封建社会

产生了封建的世界秩序。"①

原来的与法显得太草率了。

我很高兴《莱辛传奇》出单行本。这样的东西如果被切割成若干部分,会大为减色。您的巨大功绩是,您对普鲁士历史这一团乱麻进行了清理,并指出了其中真正的联系。从今天普鲁士的现实看来,这是绝对必要的,不管这项工作本身是多么令人不愉快。在个别地方,特别是在追溯同过去时代的关联的某些方面,我不完全同意您的看法。然而这并不妨碍您的著作是论述这一段德国历史的遥遥领先的最佳作品。

致崇高的敬意。

您的 弗·恩格斯

16

致弗兰茨·梅林

柏　林

1893 年 7 月 14 日于伦敦

亲爱的梅林先生:

直到今天我才有机会感谢您惠寄的《莱辛传奇》。我不想仅仅是正式通知您书已经收到,还想同时谈谈这本书本身——它的

---

① 参看本书第 34 页。——编者注

内容,因此就拖延下来了。

我从末尾,即从《论历史唯物主义》这篇附录①谈起。在这里主要的东西您都论述得很出色,对每一个没有成见的人都是有说服力的。如果说我有什么异议,那就是您加在我身上的功绩大于应该属于我的,即使我把我经过一定时间也许会独立发现的一切都计算在内也是如此,但是这一切都已经由眼光更锐利、眼界更开阔的马克思早得多地发现了。如果一个人能有幸和马克思这样的人一起工作 40 年之久,那么他在后者在世时通常是得不到他以为应当得到的承认的;后来,伟大的人物逝世了,那个平凡的人就很容易得到过高的评价——在我看来,现在我的处境正好是这样。历史最终会把一切都纳入正轨,到那时那个人已经幸运地长眠于地下,什么也不知道了。

此外,只有一点还没有谈到,这一点在马克思和我的著作中通常也强调得不够,在这方面我们大家都有同样的过错。这就是说,我们大家首先是把重点放在从基本经济事实中**引出**政治的、法的和其他意识形态的观念以及以这些观念为中介的行动,而且**必须这样做**。但是我们这样做的时候为了内容方面而忽略了形式方面,即这些观念等等是由什么样的方式和方法产生的。这就给了敌人以称心的理由来进行曲解或歪曲,保尔·巴尔特就是个明显的例子②。

意识形态是由所谓的思想家通过意识、但是通过虚假的意识

① 弗·梅林《论历史唯物主义》,作为附录收入《莱辛传奇》1893 年版。——编者注
② 指保·巴尔特《黑格尔和包括马克思及哈特曼在内的黑格尔派的历史哲学》1890 年莱比锡版。——编者注

完成的过程。推动他的真正动力始终是他所不知道的,否则这就不是意识形态的过程了。因此,他想象出虚假的或表面的动力。因为这是思维过程,所以它的内容和形式都是他从纯粹的思维中——或者从他自己的思维中,或者从他的先辈的思维中引出的。他只和思想材料打交道,他毫不迟疑地认为这种材料是由思维产生的,而不去进一步研究这些材料的较远的、不从属于思维的根源。而且他认为这是不言而喻的,因为在他看来,一切行动既然都以思维为**中介**,最终似乎都以思维为**基础**。

历史方面的意识形态家(历史在这里应当是政治、法律、哲学、神学,总之,一切属于**社会**而不是单纯属于自然界的领域的简单概括)在每一科学领域中都有一定的材料,这些材料是从以前的各代人的思维中独立形成的,并且在这些世代相继的人们的头脑中经过了自己的独立的发展道路。当然,属于本领域或其他领域的外部事实对这种发展可能共同起决定性的作用,但是这种事实本身又被默认为只是思维过程的果实,于是我们便始终停留在纯粹思维的范围之中,而这种思维仿佛顺利地消化了甚至最顽强的事实。

正是国家制度、法的体系、各个不同领域的意识形态观念的独立历史这种外观,首先迷惑了大多数人。如果说,路德和加尔文"克服了"官方的天主教,黑格尔"克服了"费希特和康德,卢梭以其共和主义的《社会契约论》间接地"克服了"立宪主义者孟德斯鸠,那么,这仍然是神学、哲学、政治学内部的一个过程,它表现为这些思维领域历史中的一个阶段,完全不越出思维领域。而自从出现了关于资本主义生产永恒不变和绝对完善的资产阶级幻想以后,甚至重农主义者和亚当·斯密克服重商主义者,也被看做纯粹的思想胜利;不是被看做改变了的经济事实在思想上的反映,而是被看做对始终普遍存在的实际条件最终达到的真正理解。如果狮心理查和菲力浦-奥古斯特实行了自由贸易,而不是卷入了十字军征讨,那我们就可以避免 500 年的贫穷和愚昧。

对问题的这一方面(我在这里只能稍微谈谈),我觉得我们大家都有不应有的疏忽。这是一个老问题:起初总是为了内容而忽略形式。如上所说,我也这样做过,而且我总是在事后才发现错误。因此,我不仅根本不想为此对您提出任何责备——我在您之前就在这方面有过错,我甚至没有权利这样做——,相反,我只是想让您今后注意这一点。

与此有关的还有意识形态家们的一个愚蠢观念。这就是:因为我们否认在历史中起作用的各种意识形态领域有独立的历史发展,所以我们也否认它们对**历史**有任何**影响**。这是由于通常把原因和结果非辩证地看做僵硬对立的两极,完全忘记了相互作用。这些先生们常常几乎是故意地忘记,一种历史因素一旦被其他的、归根到底是经济的原因造成了,它也就起作用,就能够对它的环境,甚至对产生它的原因发生反作用。例如在您的书中第 475 页上巴尔特讲到教士等级和宗教的地方,就是如此。我很高兴您收拾了这个平庸得令人难以置信的家伙。而他们还让这个人在莱比锡当历史教授呢!那里曾经有个老瓦克斯穆特,这个人头脑也很平庸,但对事实很敏感,完全是另一种人!

此外,关于这本书,我只能再重复一下那些文章在《新时代》[21]上发表①时我已经不止一次地讲过的话:这是现有的对普鲁

---

① 弗·梅林《莱辛传奇》1891—1892 年在《新时代》杂志上连载。——编者注

士国家形成过程的最好的论述,我甚至可以说,是唯一出色的论述,对大多数事情,甚至各个细节,都正确地揭示出相互联系。令人遗憾的,只是您未能把直到俾斯麦为止的全部进一步发展也包括进去,我不由地希望您下一次会做到这一点,连贯地描绘出自选帝侯弗里德里希-威廉到老威廉①为止的整个情景。您已经做过准备性的研究工作,至少在主要问题上可以说已经完成了。而在破马车散架以前这件事无论如何是必须做好的。打破保皇爱国主义的神话,这即使不是铲除掩盖着阶级统治的君主制度（因为**纯粹的**资产阶级共和制在德国还没有产生出来就已经过时了）的必要前提,也毕竟是完成这一任务的最有效的杠杆之一。

这样您就会有更多的余地和机会把普鲁士的地方史当做全德苦难的一部分描绘出来。正是在这一点上,我在某些地方不同意您的意见,不同意您对德国的割据局面和 16 世纪德国资产阶级革命失败的先决条件的见解。如果我有机会重新改写我的《农民战争》②的历史导言（希望这能在今年冬季实现）,那么我就能在那里阐述有关的各点。**36**这并不是说我认为您列举的各种先决条件不正确,但是除此之外我还要提出其他一些,并加以稍许不同的分类。

在研究德国历史（它完全是一部苦难史）时,我始终认为,只有拿法国的相应的时代来作比较,才可以得出正确的标准,因为那里发生的一切正好和我们这里发生的相反。那里是封建国家的各个分散的成员组成一个民族国家,我们这里恰好是处于最严重的

---

① 威廉一世。——编者注
② 恩格斯《德国农民战争》,见《马克思恩格斯文集》第 2 卷。——编者注

衰落时期。那里的整个发展过程中贯穿着罕见的客观逻辑,我们这里则表现出不可救药的,而且越来越不可救药的紊乱。在那里,在中世纪,英国征服者是外国干涉的代表,帮助普罗旺斯族反对北法兰西族。对英国人的战争可说是三十年战争[5],但是战争的结果是外国干涉者被驱逐出去和南部被北部制服。随后是中央政权同依靠国外领地、起着勃兰登堡—普鲁士所起作用的勃艮第藩国的斗争,但是这一斗争的结果是中央政权获得胜利和民族国家最后形成。[37]在我们这里,当时恰好是民族国家彻底瓦解(如果神圣罗马帝国[38]范围内的“德意志王国”可以称为民族国家的话),德国领土开始大规模被掠夺。这对德国人来说是极其令人羞愧的对照,但是正因为如此就更有教益,自从我们的工人重又使德国站在历史运动的前列以来,我们对过去的耻辱就稍微容易忍受了。

德国的发展还有一点是极其特殊的,这就是:最终共同瓜分了整个德国的两个帝国组成部分,都不纯粹是德意志的,而是在被征服的斯拉夫人土地上建立的殖民地:奥地利是巴伐利亚的殖民地,勃兰登堡是萨克森的殖民地;它们之所以**在德国内部**取得了政权,仅仅是因为它们依靠了国外的、非德意志的领地:奥地利依靠了匈牙利(更不用说波希米亚了),勃兰登堡依靠了普鲁士。在最受威胁的西部边境上,这类事情是根本没有的,在北部边境上,保护德国不受丹麦人侵犯一事是让丹麦人自己去做的,而南部则很少需要保卫,甚至国境保卫者瑞士人自己就能从德国分立出去!

我已经天南地北地扯得太远了;让这些空话至少给您作个证据,证明您的著作使我多么兴奋吧。

再次表示衷心的感谢和问候。

您的 弗·恩格斯

17

致海尔曼·布洛歇尔

巴　塞　尔

1893 年 10 月 3 日于伦敦西北区
瑞琴特公园路 122 号

阁下：

　　……关于布鲁诺·鲍威尔在 1843 年以前的发展经历,以及他的遭遇和观点,您可以在卢格出版的杂志《哈雷年鉴》,即后来的《德国年鉴》以及布鲁诺本人的著作中找到说明。关于 1844—1846 年这一段的情况,同样可以参看他的著作和他的《文学总汇报》。无论马克思还是我,从 1843 年起再未同鲍威尔兄弟保持任何关系,他们在 50 年代末才到伦敦——埃德加待的时间较长,布鲁诺只是访问,那时马克思才又同他们见面。因此,据我所知,布鲁诺同唯物史观,同科学社会主义完全无关;如果有某些类似东西的话,只能从布鲁诺在 50 年代和 60 年代所写的较后期的文章中寻找。恐怕也不能否认,在布鲁诺后来有关原始基督教的著作中,反映了马克思的某些思想影响;但整个说来,布鲁诺对历史发展动力的理解实质上仍然是唯心主义的……

18

致尼古拉·弗兰策维奇·丹尼尔逊

彼 得 堡

1893 年 10 月 17 日于伦敦

尊敬的先生：

收到您 7 月 26 日说您已经回到家里的来信时，我自己正准备到大陆去两个月，而现在刚刚回来。**39** 这就是我长时间没给您写信的原因。

多谢您寄来数册《概况》①；其中三册我已送给有眼力的朋友。我很高兴地看到，这本书产生了很大的影响，甚至引起了轰动，这是当之无愧的。在我所遇到的俄国人中间，这本书成了主要的话题。就在昨天，其中一人②给我写信说：我们俄国正在争论"俄国资本主义的命运"问题。在柏林的《社会政治中央导报》**40**上③，有一位叫彼·冯·司徒卢威先生的发表了一篇评论您这本书的长文④。有一点我还是应该同意他的看法，我也认为俄国当前的资

----

① 尼·弗·丹尼尔逊《我国改革后的社会经济概况》1893 年圣彼得堡版。——编者注

② 约·戈尔登贝格。——编者注

③ 恩格斯在这里加了注："第 3 年卷，1893 年 10 月 1 日第 1 期。"——编者注

④ 彼·司徒卢威《评俄国资本主义的发展》。——编者注

本主义发展阶段,是克里木战争[41]所造成的历史条件和 1861 年使土地关系发生变化的办法的必然结果,也是整个欧洲普遍政治停滞的必然结果。司徒卢威认为您对未来的看法是悲观主义的,但是,他在反驳您的看法时却把俄国的现状同美国的现状作了对比,这就完全错了。他说,现代资本主义在俄国的恶果,会像在美国一样容易消除。在这里他完全忘记了,美国从一诞生起就是现代的,资产阶级的;美国是由那些为了建立纯粹的资产阶级社会而从欧洲的封建制度下逃出来的小资产者和农民建立起来的。而在俄国,基础则是原始共产主义性质的,是文明时代以前的氏族社会,它虽然正在土崩瓦解,但仍然是资本主义革命(这毕竟是一场真正的社会革命)赖以行动和进行的基础、材料。在美国,货币经济早在一百多年以前就已经完全确立,而在俄国,自然经济还是常规,几乎毫无例外。由此可见,在俄国,这种变革一定比美国强烈得多,尖锐得多,遭受的痛苦也要大得多。

尽管如此,我仍然认为您把事情看得比事实所证实的要阴暗些。毫无疑问,从原始的农业共产主义过渡到资本主义的工业制度,没有社会的巨大的变革,没有整个整个阶级的消失和它们向另一些阶级的转变,那是不可能的;而这必然要引起多么巨大的痛苦,使人的生命和生产力遭受多么巨大的浪费,我们已经在西欧——在较小的规模上——看到了。但是,这距离一个伟大而天赋很高的民族的彻底灭亡还远得很。你们已经习以为常的人口迅速增长,可能遭到遏制。滥伐森林加上对旧地主以及对农民的剥夺,可能引起生产力的巨大浪费;然而,一亿多人口终究会给非常可观的**大工业**提供一个很大的国内市场;在你们那里,也像其他任何地方一样,事情最终会找到它们自己的相应的位置,——当然,如果资本主义在西欧能持续得足够长久的话。

您自己承认,

"克里木战争后俄国的社会条件,不利于我们从我们过去的历史继承下来的生产形式的发展"。

我还要进一步说,在俄国,从原始的农业共产主义中发展出更高的社会形式,也像任何其他地方一样是不可能的,除非这种更高的形式**已经存在**于其他某个国家,从而起到样板的作用。这种更高的形式——凡在历史上它可能存在的地方——是资本主义生产形式及其所造成的社会二元对抗的必然结果,它不可能从农村公社直接发展出来,除非是仿效某处已存在的样板。假如西欧在1860—1870年间已经成熟到能实行这种转变,假如这种变革当时已开始在英法等国实行,那么俄国人就应该表明,从他们那种当时大体上还保持原状的公社中能够发展出什么来。但是西方当时却处于停滞状态,不打算实行这种转变,而资本主义倒是越来越迅速地发展起来。因而,俄国就只能二者择一:要么把公社发展成这样一种生产形式,这种生产形式和公社相隔许多历史阶段,而且实现这种生产形式的条件当时甚至在西方也还没有成熟——这显然是一项不可能完成的任务,要么向资本主义发展。试问,除了这后一条路,它还有什么办法呢?

至于公社[33],只有在其成员间的财产差别很小的条件下,它才可能存在。这种差别一旦扩大,它的某些成员一旦成为其他较富有的成员的债务奴隶,它就不能再存在下去了。雅典的富农和富豪在梭伦那个时代以前无情地破坏了雅典的**氏族**,现在你们国家的富农和富豪也在同样无情地破坏着公社。恐怕这一制度注定要灭亡。但是,另一方面,资本主义正在展示出新的前景和新的希望。请看它在西方已经做的和正在做的事情吧。像你们的民族那样的伟大民族,是经得起任何危机的。没有哪一次巨大的历史灾难不是以历史的进步为补偿的。只有活动方式在改变。让命运实现吧!

永远是您的

第三卷①一付印,我就留心把校样寄给您。

---

① 马克思《资本论》第三卷。——编者注

1894 年

19

致瓦尔特·博尔吉乌斯

布 雷 斯 劳

1894 年 1 月 25 日于伦敦西北区
瑞琴特公园路 122 号

尊敬的先生：

对您的问题回答如下：

1. 我们视之为社会历史的决定性基础的经济关系，是指一定社会的人们生产生活资料和彼此交换产品（在有分工的条件下）的方式。因此，这里包括生产和运输的**全部技术**。这种技术，照我们的观点看来，也决定着产品的交换方式以及分配方式，从而在氏族社会解体后也决定着阶级的划分，决定着统治关系和奴役关系，决定着国家、政治、法等等。此外，在经济关系中还包括这些关系赖以发展的**地理基础**和事实上由过去沿袭下来的先前各经济发展阶段的残余（这些残余往往只是由于传统或惰性才继续保存着），当然还包括围绕着这一社会形式的外部环境。

54

如果像您所说的,技术在很大程度上依赖于科学状况,那么,科学则在更大得多的程度上依赖于技术的**状况**和**需要**。社会一旦有技术上的需要,这种需要就会比十所大学更能把科学推向前进。整个流体静力学(托里拆利等)是由于 16 世纪和 17 世纪意大利治理山区河流的需要而产生的。关于电,只是在发现它在技术上的实用价值以后,我们才知道了一些理性的东西。可惜在德国,人们撰写科学史时习惯于把科学看做是从天上掉下来的。

2. 我们把经济条件看做归根到底制约着历史发展的东西。而种族本身就是一种经济因素。不过这里有两点不应当忽视:

(a)政治、法、哲学、宗教、文学、艺术等等的发展是以经济发展为基础的。但是,它们又都互相作用并对经济基础发生作用。这并不是说,只有经济状况才是**原因**,**才是积极的**,其余一切都不过是消极的结果,而是说,这是在**归根到底**不断为自己开辟道路的经济必然性的基础上的相互作用。例如,国家就是通过保护关税、自由贸易、好的或者坏的财政制度发生作用的,甚至德国庸人的那种从 1648—1830 年德国经济的可怜状况中产生的致命的疲惫和软弱(最初表现为虔诚主义,尔后表现为多愁善感和对诸侯贵族的奴颜婢膝),也不是没有对经济起过作用。这曾是重新振兴的最大障碍之一,而这一障碍只是由于革命战争和拿破仑战争把慢性的穷困变成了急性的穷困才动摇了。所以,并不像人们有时不加思考地想象的那样是经济状况自动发生作用,而是人们自己创造自己的历史,但他们是在既定的、制约着他们的环境中,是在现有的现实关系的基础上进行创造的,在这些现实关系中,经济关系不管受到其他关系——政治的和意识形态的——多大影响,归根到底还是具有决定意义的,它构成一条贯穿始终的、唯一有助于理解的红线。

（b）人们自己创造自己的历史，但是到现在为止，他们并不是按照共同的意志，根据一个共同的计划，甚至不是在一个有明确界限的既定社会内来创造自己的历史。他们的意向是相互交错的，正因为如此，在所有这样的社会里，都是那种以**偶然性**为其补充和表现形式的**必然性**占统治地位。在这里通过各种偶然性来为自己开辟道路的必然性，归根到底仍然是经济的必然性。这里我们就来谈谈所谓伟大人物问题。恰巧某个伟大人物在一定时间出现于某一国家，这当然纯粹是一种偶然现象。但是，如果我们把这个人去掉，那时就会需要有另外一个人来代替他，并且这个代替者是会出现的，不论好一些或差一些，但是最终总是会出现的。恰巧拿破仑这个科西嘉人做了被本身的战争弄得精疲力竭的法兰西共和国所需要的军事独裁者，这是个偶然现象。但是，假如没有拿破仑这个人，他的角色就会由另一个人来扮演。这一点可以由下面的事实来证明：每当需要有这样一个人的时候，他就会出现，如凯撒、奥古斯都、克伦威尔等等。如果说马克思发现了唯物史观，那么梯叶里、米涅、基佐以及1850年以前英国所有的历史编纂学家则表明，人们已经在这方面作过努力，而摩尔根对于同一观点的发现表明，发现这一观点的时机已经成熟了，这一观点**必定**被发现。

历史上所有其他的偶然现象和表面的偶然现象都是如此。我们所研究的领域越是远离经济，越是接近于纯粹抽象的意识形态，我们就越是发现它在自己的发展中表现为偶然现象，它的曲线就越是曲折。如果您画出曲线的中轴线，您就会发现，所考察的时期越长，所考察的范围越广，这个轴线就越是接近经济发展的轴线，就越是同后者平行而进。

在德国,达到正确理解的最大障碍,就是著作界对于经济史的不负责任的忽视。不仅很难抛掉学校里灌输的那些历史观,而且更难搜集为此所必需的材料。例如,老古·冯·居利希在自己的枯燥的材料汇集①中的确收集了能够说明无数政治事实的大量材料,可是他的著作又有谁读过呢!

此外,我认为马克思在《雾月十八日》②一书中所作出的光辉范例,能对您的问题给予颇为圆满的回答,正是因为那是一个实际的例子。我还认为,大多数问题都已经在《反杜林论》第一编第九至十一章、第二编第二至四章和第三编第一章或导言里,后来又在《费尔巴哈》③最后一章里谈到了。

请您不要过分推敲上面所说的每一句话,而要把握总的联系;可惜我没有时间能像给报刊写文章那样字斟句酌地向您阐述这一切。

请代我向[……]④先生问好并代我感谢送来的[……]④,它使我十分高兴。

致以崇高的敬意。

您的　弗·恩格斯

---

① 古·居利希《关于当代主要商业国家的商业、工业和农业的历史叙述》1830—1845 年耶拿版。——编者注
② 马克思《路易·波拿巴的雾月十八日》,见《马克思恩格斯文集》第 2 卷。——编者注
③ 恩格斯《路德维希·费尔巴哈和德国古典哲学的终结》,见《马克思恩格斯文集》第 4 卷。——编者注
④ 原信此处缺损。——编者注

1895 年

20

致斐迪南·滕尼斯

基　　尔

1895 年 1 月 24 日于伦敦西北区
瑞琴特公园路 41 号

尊敬的教授先生：

我还是应当感谢您好意寄来的您对巴尔特的书的评论以及论述裴斯泰洛奇的有趣文章。[42]迟复（我请您原谅）的原因是工作太忙又加上搬家（请注意地址的改变！）。

我看您对巴尔特先生有些客气，如果是我，决不会如此轻易地放过他。在写作方面的争论中，对手像律师一样，常常是对他不同意的东西避开不谈，而胡扯一些与问题无关的东西，如果他认为能够借此蒙蔽读者。虽然对这一点必须习以为常，但是巴尔特先生干这种事时所采取的方式和达到的程度，不能不使人提出一个问题：这只是一般的无知和局限性还是故意的、明知故犯的歪曲？就拿论述马克思的那一部分来说，那里出现的极其严重的错误怎么解释呢？对于一个声称读过我的《反杜林论》和《费尔巴哈》①（在这两本书中对这些错误都充分予以防止）的人来说，几乎所有这些错误都是不可理解的。请看第 135 页上强加给我的荒诞的因果联系：

> "在法国，加尔文教被制服了，因此在 18 世纪基督教已不再能成为任何进步阶级的意识形态外衣了。"

对此，我们能说什么呢？我把这段话同《费尔巴哈》原书第 65 页②加以对照，我几乎无法相信这里不是有意的歪曲。

您对奥古斯特·孔德的评述使我很感兴趣。谈到这位"哲学家"，我认为还有一件很重要的工作要做。孔德曾经给圣西门做过五年秘书，而且是他的密友。圣西门确实吃了思想丰富的苦头；他既是天才，又是神秘主义者。明确透彻的表述，条理化、系统化，非他的能力所及。因此，他就找到了孔德，希望此人在师父死后能把这些盈盈欲溢的思想条理化而后公之于世；和其他喜爱幻想的学生相反，孔德的数学修养和思维方式可能使他看上去特别适于完成此项工作。可是，孔德突然和"师父"决裂，退出了这个学派；过了很长一段时间，他才以他的《实证哲学》③显露了头角。

在这个体系中有三个突出的因素:(1)有一系列天才思想，但是几乎照例都或多或少地由于得不到充分的阐述而受损，与此相应的是(2)存在着和这种天才特质截然对立的狭隘的庸人观念;(3)一部

---

① 恩格斯《路德维希·费尔巴哈和德国古典哲学的终结》，见《马克思恩格斯文集》第 4 卷。——编者注
② 见《马克思恩格斯文集》第 4 卷第 311 页。——编者注
③ 奥·孔德《实证哲学教程》(六卷本)1830—1842 年巴黎第 1 版。——编者注

完全源于圣西门主义而又摆脱任何神秘主义的宗教宪章,极其刻板地规定了教阶制度,并以一个正式的教皇为首脑,这就使得赫胥黎谈到孔德主义时有理由说,它是没有基督教的天主教。**43**

我敢说,第三点为我们解答了第一点和第二点之间的矛盾,而这种矛盾在一般情况下是令人无法理解的;孔德的全部天才思想都是从圣西门那里接受过来的,但是他在按照他个人特有的方式分类整理时弄巧成拙,把这些思想糟蹋了:他剥去这些思想黏附的神秘主义外衣,同时把它们降到较低的水平,尽自己的力量按庸人的方式把它们加以改作。从许多地方都可以很容易地证明这些思想来自圣西门,而且我坚信,如果有人认真地从事这个工作,一定还能够在其他方面发现这种情况。如果不是圣西门本人的著作在1830年以后被圣西门主义学派和宗教的喧声所湮没的话,这种情况肯定早就被发现了,这个学派和宗教把师父的学说的某些方面加以强调和发挥,却牺牲了他的整个宏伟的思想。

此外,还有一点我想提出来加以订正,这就是第513页上的注释。**44**马克思从来没有做过国际的总书记,而只是德国和俄国的书记。伦敦的孔德派**45**没有一个人参加过创建国际的工作。爱·比斯利教授在巴黎公社时期的巨大功绩,就是在报刊上捍卫了国际,抵制了当时对国际的疯狂攻击;弗雷德里克·哈里逊也公开捍卫过公社。**46**但是几年以后,孔德派对工人运动就明显冷淡了;当时工人已经十分强大,为了保持资本家和工人(在圣西门看来,他们都是生产者**47**)之间的真正均势,此时又该支持资本家了,从此以后,孔德派对工人问题就彻底保持沉默了。

顺致敬意。

您的 弗·恩格斯

21

致韦尔纳·桑巴特

布 雷 斯 劳

1895 年 3 月 11 日于伦敦西北区
瑞琴特公园路 41 号

尊敬的先生：

在答复您上月 14 日来信时，对您惠寄的关于马克思的文章①谨致谢意。这篇文章，我在亨·布劳恩博士好意寄给我的那一期《文库》**48**里已经饶有兴味地拜读了；我很高兴，终于在一所德国的大学里也看到对《资本论》②有这样的理解。不言而喻，我不能完全同意您对马克思观点的表述。尤其是第 576 和 577 页上关于价值概念的转述，我觉得谈得太远了一点。如果是我，那就首先对这一概念从历史上加以限定，强调它只适用于迄今唯一能够谈得上价值的那个经济阶段，即存在**商品**交换，相应地也存在商品生产的那些社会形式。原始共产主义不知道什么是价值。其次，我认为，这个论点还可以有一个在概念上更狭窄的表述。可是这样会使我们扯得太远。在主要问题上，您所谈的

---

① 韦·桑巴特《卡尔·马克思经济学体系批判》，载于 1894 年《社会立法和统计学文库》第 7 卷第 4 期。——编者注
② 马克思《资本论》第三卷。——编者注

还是正确的。

在第 586 页上您直接点了我的名,您这种用手枪顶住我的胸膛的可爱的做法使我觉得好笑。然而您可以放心,我不会要您"相信相反的东西"。马克思从个别资本主义企业产生的各种数值 $\frac{m}{C} = \frac{m}{c+v}$ 得出一般的、相同的利润率时所借助的那些概念上的过渡,单个的资本家是完全意识不到的。至于这些过渡在历史上具有某种与其相应的现象或者它们具有某种存在于我们头脑之外的现实性,这可以在下面的过程中看到:资本家甲生产的剩余价值中超出利润率、因而也超出他在总剩余价值中应得份额的那部分剩余价值,转入另一个自己生产的剩余价值通常总是低于其应得红利的资本家乙的钱袋中。但这个过程是客观地、在事物中不知不觉地完成的,而我们只是到现在才能判断,要费多大气力才能达到对这个过程的正确理解。如果平均利润率的创造需要单个资本家**有意识的**合作,如果单个资本家**意识到**,他是在生产剩余价值、生产多少以及在很多情况下还得把自己的剩余价值拿出一部分,那么剩余价值和利润之间的联系从一开始就相当清楚了,亚当·斯密,甚至配第,一定早就会指出这一点了。

从马克思的观点看,迄今为止的整个历史进程,就重大事件来说,都是不知不觉地完成的,就是说,这些事件及其所引起的后果都是不以人的意志为转移的。要么历史事件的参与者所希望的完全不是已成之事,要么这已成之事又引起完全不同的未曾预见到的后果。用之于经济方面就是:单个资本家都各自追求**更大的**利润。资产阶级经济学发现,每一单个资本家这种对**更大的**利润的追求,产生一般的、**相同的**利润率,差不多人人相同的利润率。但是,不论资本家还是资产阶级经济学家都没有意识到:这种追求的真正目的是全部剩余价值按同等的比例分配给总资本。

那么平均化的过程实际上是怎样完成的呢？这是个非常有趣的问题,马克思本人对此谈得不多。但是,马克思的整个世界观不是教义,而是方法。它提供的不是现成的教条,而是进一步研究的出发点和**供**这种研究**使用**的方法。因此这里还有一些马克思自己在这部初稿中没有做完的工作要做。我们首先看看第三卷上册第153—156 页的叙述①,这些对您转述价值概念也很重要,并且证明这个概念具有或曾经具有比您所赋予的更大的现实性。在交换之初,当产品逐渐转化为商品的时候,交换大致是**按照它们的价值**进行的。花费在两种物品上的劳动,正是它们在数量上进行比较的唯一标准。因此,那时价值曾经有**直接的**、**现实的存在**。我们知道,在交换中,价值的这种直接实现停止了,现在不再有这种情况了。我认为,对您来说,不用费什么事就能看出(起码是大致看出)那些从这种直接的、现实的价值到资本主义生产形式下的价值的中间环节;后一种价值隐藏得很深,以致我们的经济学家可以满不在乎地否认它的存在。对这个过程作出真正历史的解释,当然要求认真地进行研究,而为此花费的全部心血将换来丰硕的成果;这样的解释将是对《资本论》的十分宝贵的补充。**49**

最后,我还应该感谢您对我的看重,认为我可以根据第三卷写出比它的现有形式更好的东西。但是我不能同意这种看法,我认

---

① 参看马克思《资本论》第 3 卷,《马克思恩格斯文集》第 7 卷第 195—198
　页。——编者注

为,按马克思的文字整理马克思的手稿,就是尽了我的职责,虽然这可能要逼着读者更多地进行独立思考。

致以崇高的敬意。

忠实于您的 弗·恩格斯

22

致康拉德·施米特

苏　黎　世

1895 年 3 月 12 日于伦敦西北区
瑞琴特公园路 41 号

亲爱的施米特:

　　……您在利润率问题上为什么走上了岔路,我认为,您的来信已经使我得到了一些解释。我在这里发现了同一种陷入枝节问题的偏向,我把它归咎于 1848 年以来在德国大学中流行的哲学研究的折中主义方法,这种方法丢掉了事物的总的概貌,过于经常地陷入一种几乎是无休止、无结果的对枝节问题的思辨中。在古典作家中,您以前主要研究的恰好就是康德,而康德由于他那个时代的德国哲学研究的状况,由于同学究气十足的沃尔弗式的莱布尼茨主义的对立,也就或多或少地被迫在形式上对这种沃尔弗式的思辨作一些表面的让步。我就是这样来解释您陷入枝节问题的偏向的,这种偏向也表现在您的来信中谈到价值规律的那些题外话里;

在这些地方，我认为您没有经常注意总的联系，所以您把价值规律贬为一种虚构，一种必要的虚构，差不多就像康德把上帝的存在贬为实践理性的一种假定一样。

您对价值规律的责难，从现实的观点来看，涉及**一切**概念。思维和存在的同一性（用黑格尔的话来说）完全符合于您举的圆和多边形的例子。换句话说，这两者，即一个事物的概念和它的现实，就像两条渐近线一样，一齐向前延伸，彼此不断接近，但是永远不会相交。两者的这种差别正好是这样一种差别，由于这种差别，概念并不无条件地直接就是现实，而现实也不直接就是它自己的概念。由于概念有概念的基本特性，就是说，它不是直接地、明显地符合于使它得以抽象出来的现实，因此，毕竟不能把它和虚构相提并论，除非您因为现实同一切思维成果的符合仅仅是非常间接的，而且也只是渐近线似地接近，就说这些思维成果都是虚构。

一般利润率的情况不就是这样吗？它在任何时候都只是近似地存在着。如果一般利润率某个时候在两个企业中分毫不差地实现了，如果这两个企业在某一年内获得**完全相同的利润率**，那么这是纯粹的偶然性，实际上，利润率是根据各个企业、各个年度的各种不同情况而变化的，一般利润率只是作为许多企业和许多年度的平均数而存在。但是，如果我们想要求利润率（比如说是 14.876934……）在每一个企业和每一个年度直到第一百位小数都完全一样，不然就把它贬为虚构，那我们就严重地误解了利润率和一般经济规律的本质。它们全都没有任何其他的现实性，而只是一种近似值，一种趋势，一种平均数，但不是**直接的现实**。其所以如此，部分地是由于它们所起的作用被其他规

65

律同时起的作用打乱了,而部分地也是由于它们作为概念的特性。

或者,您可以举工资规律即劳动力价值的实现为例,劳动力价值只是作为平均数实现的,而且就连这一点也不总是如此,它在每一个地区,甚至在每一个部门,都随着通常的生活水平而有所变化。或者以地租这种从被垄断的自然力中产生的超出一般利润率的超额利润为例。就是在这里,现实的超额利润和现实的地租也不是绝对地符合,而只是在平均数上近似地符合。

价值规律以及剩余价值通过利润率来分配的情况也是这样。

1. 这两者只有在资本主义生产到处都已经充分地实现,也就是说,社会已经被简化为地主、资本家(工业家和商人)和工人这三个现代阶级,而一切中间阶层都已被消灭的前提下,才能最完全地达到近似的实现。这种情形甚至在英国都没有,而且永远也不会有,我们决不会让它发展到这个地步。

2. 利润(包括地租)是由各种不同的成分构成的:

(a)由欺诈而来的利润,它在代数和中互相抵消;

(b)由于库存货物(例如,当第二年歉收时,上一年收成的余额)的价值上涨而来的利润。这种利润如果不是已经被其他商品的价值下降所抵消,在理论上归根到底也**应该**平均化,因为,要么是买进的资本家必须多支付的正好等于卖出的资本家多取得的,要么是在涉及工人的生活资料的时候,工资终究必须提高。可是,这种价值上涨的最本质的东西**不是长期存在的**,因而平均化只是出现在几年的平均数中,而且是十分不完全的,显然是要靠牺牲工人的利益才会出现的;工人将生产更多的剩余价值,因为他们的劳动力没有得到十足的报酬;

（c）剩余价值的总和，但是其中还要扣除**送给买主**的那一部分，特别是在危机时期，那时过剩的生产会缩减到它的社会必要劳动实际含量以内。

由此可以立即得出结论，总利润和总剩余价值只能近似地符合。而且您还要考虑到，总剩余价值和总资本都不是常数，而是每天都在变化的变数。于是，很明显，利润率由 $\dfrac{\sum m}{\sum (c+v)}$ 来表现，要不是通过一个近似的数列，是完全不可能的；总价格和总价值的符合，要不是经常趋于统一而又经常与这种统一背离的符合，也是完全不可能的。换句话说，概念和现象的统一是一个本质上无止境的过程，这种统一无论在这个场合还是在其他一切场合都是如此。

难道封建制度始终与它的概念相符合吗？它在西法兰克王国[50]奠定了基础，在诺曼底为挪威侵略者进一步发展，在英格兰和南意大利为法国的诺曼人所完善，而它最接近于它的概念是在短命的耶路撒冷王国，这个王国在耶路撒冷法典[51]中遗留下了封建制度的最典型的表现。难道说，因为这种制度只是在巴勒斯坦有过短暂的十分典型的存在，而且很大程度上这也只是在纸上，它就是一种虚构吗？

或者，自然科学中通用的概念，因为它们决不是一直与现实相符合，就都是虚构吗？从我们接受了进化论的时刻起，我们关于有机体的生命的一切概念都只是近似地与现实相符合。否则就不会有任何变化；哪一天有机界的概念与现实绝对符合了，发展也就终结了。鱼这个概念的内涵是在水中生活和用鳃呼吸；如果不突破这个概念，您想怎么能从鱼转到两栖动物呢？而这个概念已经被突破了，我们知道一系列的鱼，它们的鳔已经发展成肺并且可以呼

67

吸空气。如果不让爬行动物和哺乳动物这两个概念中的一个或两个与现实发生冲突,您想怎么能从卵生的爬行动物转到能生育活生生的幼儿的哺乳动物呢?实际上,单孔目动物有整整一个亚纲是卵生的哺乳动物,——1843 年我在曼彻斯特看见过鸭嘴兽的蛋,并且傲慢无知地嘲笑过哺乳动物会下蛋这种愚蠢之见,而现在这却被证实了!因此,但愿您对价值概念不要做我事后不得不请求鸭嘴兽原谅的那种事情吧!

在桑巴特那篇其他方面都写得很好的关于第三卷的文章①中,我也发现了这种削弱价值理论的倾向;他显然也曾希望得到一种稍微不同的答案。

而您在《中央导报》**40**上发表的那篇文章②却**很好**,对于马克思的利润率理论——由于它的量的规定性——同旧经济学的利润率理论之间的特殊区别作了很好的论证。那位著名的洛里亚自作聪明,认为第三卷中直接抛弃了价值理论③,您的这篇文章就是对这个问题的很完备的回答。现在有两个人很关心这个问题,这就是罗马的拉布里奥拉**52**和正在《社会评论》**53**上同洛里亚进行论战的拉法格**54**。因此,如果您能把文章寄一份给安东尼奥·拉布里奥拉教授(他的地址是罗马维克多-艾曼努埃尔大街 251 号),那么他会尽一切可能发表这篇文章的意大利文译文;另外再寄一份给保尔·拉法格(他的地址是法国塞纳省勒佩勒),这会给他提供

---

① 韦·桑巴特《卡尔·马克思经济学体系批判》,载于 1894 年《社会立法和统计学文库》第 7 卷第 4 期。——编者注

② 康·施米特《〈资本论〉第三卷》,载于 1895 年 2 月 25 日《社会政治中央导报》第 4 年卷第 22 期。——编者注

③ 阿·洛里亚《卡尔·马克思的遗著》,载于 1895 年 2 月 1 日《科学、文学和艺术最新集萃》。——编者注

必要的论据，他会引用您的文章的。我已经就此写信告诉他们两人，说您的文章已包含了对主要论点的现成的答案。如果您无法寄发这两份东西，请您来信告诉我。

我必须就此搁笔，否则我就会没完没了地写下去。

衷心问好。

您的　弗·恩格斯

附　　录

弗・恩格斯

《社会主义从空想到科学的发展》
1892 年英文版导言[55]

　　这本小册子本来是一本大书的一部分。大约在 1875 年,柏林大学**非公聘讲师**欧・杜林博士突然大叫大嚷地宣布他改信社会主义,不仅向德国公众提出一套详尽的社会主义理论,而且还提出一个改造社会的完备的实际计划。当然,他竭力攻击他的前辈,首先选中了马克思,把满腔怒火发泄在他的身上。

　　这件事发生时,德国社会党的两派——爱森纳赫派和拉萨尔派——刚刚合并[56],因而不仅力量大增,而且更重要的是能够全力以赴地对付共同的敌人。德国社会党正在迅速成为一股力量。但是,要使它成为一股力量,首先必须使这个刚刚赢得的统一不受危害。可是,杜林博士却公然准备在他周围建立一个宗派,作为未来的独立政党的核心。因此,不管我们是否愿意,我们必须应战,把斗争进行到底。

　　可是,这件事虽然不太困难,显然也很麻烦。大家知道,我们德国人有一种非常严肃的 **Gründlichkeit**,即彻底的深思精神或深思的彻底精神,随你怎么说都行。当我们每个人在阐述他认为是新学说的那种东西的时候,他首先要把它提炼为一个包罗万象的体系。他一定要证明,逻辑的主要原则和宇宙的基本规律之所以存在,历来就是为了最后引到这个新发现的绝妙理论上来。在这方面,杜林博士已经完全达到这种民族标准了。整套的"哲学体系",精神的、道德的、自然的和历史的一应俱全;全套"政治经济学的和社会主义的体系";最后还有"政治经济学批判史"。这三部八开本的巨著[57],在外观上和内容上都很有分量,这三支论证大军被调来攻击所有前辈哲学家和经济学家,特别是马克思,其实,就是企图"在科学中"实行一次完全的"变革"——我所要应付的就是这些。我不得不涉及所有各种各样的问题:从时间和空间的概念到复本位制[58],从物质和运动的永恒性到道德观念的易逝性,从达尔文的自然选择到未来社会中的青年教育。无论如何,我的对手的包罗万象的体系,使我有机会在同他争论时用一种比以往更连贯的形式,阐明马克思和我对这些形形色色的问题的见解。这就是我承担这个通常是吃力不讨好的任务的主要原因。

我的答复,最初曾作为一系列论文发表在社会党的中央机关报莱比锡的《前进报》[59]上,后来汇集成书,题为"Herrn Eugen Dühring's Umwälzung der Wissenschaft"(《欧根·杜林先生在科学中实行的变革》),这本书的第二版于1886年在苏黎世出版。

根据我的朋友保尔·拉法格(现在是法国众议院里尔市的议员)的要求,我曾把这本书中的三章编成一本小册子,由他译成法文,于1880年出版,书名为《空想社会主义和科学社会主义》。波兰文版和西班牙文版就是根据这个法文本译出的。1883年,我们的德国朋友用原文出版了这本小册子。此后,根据这个德文本又出版了意大利文、俄文、丹麦文、荷兰文和罗马尼亚文的译本。这样,连同现在这个英文版在内,这本小书已经用10种文字流传开

SOCIALISM

UTOPIAN AND SCIENTIFIC

BY

FREDERICK ENGELS

TRANSLATED BY EDWARD AVELING
D.Sc., Fellow of University College, London

WITH A SPECIAL INTRODUCTION BY THE AUTHOR

LONDON:
SWAN SONNENSCHEIN & CO.
NEW YORK: CHARLES SCRIBNER'S SONS
1892

《社会主义从空想到科学的发展》1892 年英文版扉页

了。据我所知,其他任何社会主义著作,甚至我们的 1848 年出版的《共产主义宣言》①和马克思的《资本论》,也没有这么多的译本。在德国,这本小册子已经印了四版,共约两万册。

附录《马尔克》②是为了在德国社会党内传播关于德国土地所有制的历史和发展的一些基本知识而写的。这是非常必要的,因为当时党在团结城市工人的工作方面已经完成在望,又要着手进行农业工人和农民的工作。这篇附录收入这个译本,是因为人们对所有条顿部落都同样有过的原始的土地占有形式及其衰亡的历史,在英国比在德国知道得更少。我让这篇附录仍保持原状,就是说没有涉及马克西姆·柯瓦列夫斯基最近提出的假说,按照这个假说,在马尔克的成员分割耕地和草地之前,土地是由几代人共同生活的庞大的家长制家庭公社(现在还存在的南方斯拉夫人的扎德鲁加⁶⁰可以作为例证)共同耕种的;后来,公社范围扩大,共同经营已日益不便,就出现了公社土地的分割。③ 柯瓦列夫斯基也许是完全对的,不过问题还**在讨论中**。

本书中所用的经济学名词,凡是新的,都同马克思的《资本论》英文版⁶¹中所用的一致。我们所说的"商品生产",是指这样一个经济发展阶段,在这个阶段,物品的生产不仅是为了供生产者使用,也是为了交换;也就是说,物品是**作为商品**,而不是作为使用价值而生产的。这个阶段从开始为交换而生产的时候起,一直延

---

① 即《共产党宣言》。——编者注
② 恩格斯《马尔克》,见《马克思恩格斯全集》中文第 2 版第 25 卷。——编者注
③ 参看马·马·柯瓦列夫斯基《家庭及所有制的起源和发展概论》1890年斯德哥尔摩版。——编者注

续到现在;这个阶段只是在资本主义生产下,也就是说,只有在占有生产资料的资本家用工资雇用除劳动力以外别无任何生产资料的工人,并把产品的卖价超过其支出的盈余部分纳入腰包的条件下,才获得充分的发展。我们把中世纪以来的工业生产的历史分为三个时期:(1)手工业,小手工业师傅带着少数帮工和学徒,每个工人都生产整件物品;(2)工场手工业,较大数量的工人聚集在一个大工场中,按照分工的原则生产整件物品,每个工人只完成一部分工序,所以产品只有依次经过所有工人的手以后才能制成;(3)现代工业,产品是用动力推动的机器生产的,工人的工作只限于监督和调整机器的运转。①

我很清楚,本书的内容将遭到颇大一部分英国公众的反对。但是,如果我们大陆上的人稍微顾及英国"体面人物"②的偏见,那么我们的处境也许更加糟糕。本书所捍卫的是我们称之为"历史唯物主义"的东西,而唯物主义这个名词是使大多数英国读者感到刺耳的。"不可知论"也许还可以容忍,但是唯物主义就完全不能容许了。

然而,从17世纪以来,全部现代唯物主义的发祥地正是英国。

"唯物主义是大不列颠本土的产儿,大不列颠的经院哲学家邓斯·司各脱就曾经问过自己:'物质是否不能思维?'

为了使这种奇迹能够实现,他求助于上帝的万能,即迫使神学来宣讲唯物主义。此外,他还是一个唯名论者[62]。唯名论是唯物主义的最初形式,主要存在于英国经院哲学家中间。

① 本文的德译文以《论历史唯物主义》为题发表在《新时代》杂志上,在德译文中,从开头到此处的这7段文字被删去。——编者注
② 在德译文中,"体面人物"的后面加有"即英国庸人"。——编者注

英国唯物主义的真正始祖是培根。在他看来,自然哲学才是真正的哲学,而以感性经验为基础的物理学则是自然哲学的最重要的部分。提出种子说的阿那克萨哥拉[63]和提出原子论的德谟克利特,都常常被他当做权威来引证。按照他的学说,感觉是确实可靠的,是一切知识的源泉。科学都是以经验为基础的,科学就在于把理性的研究方法运用于感官所提供的材料。归纳、分析、比较、观察和实验是理性方法的主要形式。在物质固有的特性中,第一个特性而且是最重要的特性是运动,它不仅表现为物质的机械的和数学的运动,而且主要表现为物质的冲动、活力、张力,或者用雅科布·伯麦的话来说,是物质的'痛苦'['Qual']①。

唯物主义在它的第一个创始人培根那里,还包含着全面发展的萌芽。一方面,物质带着诗意的感性光辉对整个人发出微笑。另一方面,那种格言警句式的学说却还充满了神学的不彻底性。

唯物主义在以后的发展中变得片面了。霍布斯把培根的唯物主义系统化了。以感觉为基础的知识失去了诗情画意,变成数学家的抽象经验②;几何学被宣布为科学的女王。唯物主义变得漠

---

① 恩格斯在这里加了一个注:"'Qual'是哲学上的双关语。'Qual'按字面的意思是苦闷,是一种促使人采取某种行动的痛苦;同时,神秘主义者伯麦把拉丁语'qualitas'[质]的某些意义加进这个德语词;他的'Qual'和外来的痛苦相反,是能动的本原,这种本原从受'Qual'支配的事物、关系或个人的自发发展中产生出来,而反过来又推进这种发展。"在德译文中此注被删去。不过,德译文中在"物质的痛苦"后面加了一句话:"物质的基本形式是物质所固有的、产生种的差别的、活生生的、个体化的本质力量。"——编者注
② 在德译文中,后面加了一句话:"物理运动让位于机械运动和数学运动。"——编者注

视人了。为了能够在对手,即漠视人的、毫无血肉的唯灵论的领域制服这种唯灵论,唯物主义就不得不扼杀自己的肉欲,成为禁欲主义者。这样,它就从感性之物变成理智之物;可是,它因此也就发展了理智所特有的无所顾忌的全部彻底性。

作为培根的继承者,霍布斯声称,既然感性给人提供一切知识,那么我们的概念和观念就无非是摆脱了感性形式的现实世界的幻影。哲学只能为这些幻影命名。一个名称可以用于若干个幻影。甚至还可以有名称的名称。但是,一方面认为一切观念都起源于感性世界,另一方面又硬说一个词的意义不只是一个词,除了我们通过感官而知道的存在物,即全都是个别的存在物之外,还有一般的、非个别的存在物,这就是一个矛盾。无形体的实体和无形体的形体同样是荒唐的。形体、存在、实体只是同一种实在的不同名称。**不能把思想同思维着的物质分开**。物质是世界上发生的一切变化的基础。如果'无限的'这个词不表示我们的精神具有无限增添补充的能力,这个词就毫无意义。因为只有物质的东西才是可以被我们感知的,所以我们对神的存在就一无所知了。只有我自己的存在才是确实可信的。人的一切激情都是有始有终的机械运动。欲求的对象是所谓的善。人和自然都服从于同样的规律。强力和自由是同一的。

霍布斯把培根的学说系统化了,但他没有论证培根关于人类的全部知识起源于感性世界的基本原理。洛克在他的《人类理智论》中对此作了论证。

霍布斯消除了培根唯物主义中的有神论的偏见;柯林斯、多德威尔、考尔德、哈特莱、普利斯特列也同样消除了洛克感觉论的最后的神学藩篱。无论如何,自然神论[15]对实际的唯物主义者来说不过是一种摆脱宗教的简便易行的方法罢了。"①

关于现代唯物主义起源于英国,卡尔·马克思就是这样写的。如果现在英国人对他这样赞许他们的祖先并不十分高兴,那真是太遗憾了。可是不能否认,培根、霍布斯和洛克都是杰出的法国唯物主义者学派的前辈,法国人在陆上和海上的历次战争中尽管败于德国人和英国人,但这些法国唯物主义者却使18世纪成为一个以法国为主角的世纪,这甚至比圆满结束那个世纪的法国革命还要早;这次革命的成果,我们这些身在英国和德国的局外人还总想移植呢。

这是无可否认的。在本世纪中叶,移居英国的有教养的外国人最惊奇的,是他必然会视为英国体面的中等阶级的宗教执迷和头脑愚蠢的那种现象。那时,我们都是唯物主义者,或者至少是很激进的自由思想者[65],我们不能理解,为什么英国几乎所有有教养的人都相信各种各样不可思议的奇迹,甚至一些地质学家,例如巴克兰和曼特尔也歪曲他们的科学上的事实,唯恐过分有悖于创世记②的神话;要想找到敢于凭自己的智力思考宗教问题的人,就必须去寻访那些没有受过教育的人,当时所谓的"无知群氓"即工人,特别是去寻访那些欧文派的社会主义者[66]。

但是从那时以来,英国已经"开化"了。1851年的博览会③给英国这个岛国的闭塞状态敲响了丧钟。英国在饮食、风尚和观念

---

① 恩格斯在这里加了一个注:"马克思和恩格斯《神圣家族》1845年美因河畔法兰克福版第201—204页。[64]"——编者注
② 《旧约全书·创世记》。——编者注
③ 指1851年5—10月在伦敦举行的第一届世界工商业博览会。——编者注

方面逐渐变得国际化了;这种变化之大,使我也希望英国的某些风尚和习惯能在大陆上传播,就像大陆上的其他习惯在英国传播那样。总之,随着色拉油(1851 年以前只有贵族才知道)的传入,大陆上对宗教问题的怀疑论也必然传了进来,以至发展到这种地步:不可知论虽然还尚未像英国国教会那样被当做"头等货色",但是就受人尊敬的程度而言,几乎和浸礼会[67]是同等的,而且肯定超过了"救世军"[68]。我时常这样想:许多人对这种越来越不信仰宗教的现象痛心疾首,咒骂谴责,可是他们如果知道这些"新奇的思想"并不是舶来品,不像其他许多日用品那样带有"德国制造"的商标[69],而无疑是老牌的英国货,而且他们的不列颠祖先在 200 年前已经走得比今天的后代子孙所敢于走的要远得多,那他们将会感到安慰吧。

真的,不可知论如果不是(用兰开夏郡的一个富于表现力的字眼来说)①"羞羞答答的"唯物主义,又是什么呢? 不可知论者的自然观完全是唯物主义的。整个自然界是受规律支配的,绝对排除任何外来的干涉。可是,不可知论者又说,我们无法肯定或否定已知世界之外的某个最高存在物的存在。这种说法在拿破仑那个时代也许还有点价值,那时拿破仑曾问拉普拉斯这位伟大的天文学家,为何他的《论天体力学》②只字不提造物主,对此,拉普拉斯曾骄傲地回答:"我不需要这个假说。"可是如今,在我们不断发展的关于宇宙的概念中绝对没有造物主或主宰者的位置;如果说,在整个现存世界之外还有一个最高存在物,这本身就是一种矛盾,

———————————

① 在德译文中,括号里的话被删去。——编者注
② 指皮·拉普拉斯《论天体力学》1798—1825 年巴黎版第 1—5 卷。——编者注

而且我以为,这对信教者的情感也是一种不应有的侮辱。

我们的不可知论者也承认,我们的全部知识是以我们的感官向我们提供的报告为基础的。可是他又说:我们怎么知道我们的感官所给予我们的是感官所感知的事物的正确反映呢?然后他告诉我们:当他讲到事物或事物的特性时,他实际上所指的并不是这些他也不能确实知道的事物及其特性,而是它们对他的感官所产生的印象而已。这种论点,看来的确很难只凭论证予以驳倒。但是人们在论证之前,已经先有了行动。"起初是行动。"①在人类的才智虚构出这个难题以前,人类的行动早就解决了这个难题。布丁的滋味一尝便知。当我们按照我们所感知的事物的特性来利用这些事物的时候,我们的感性知觉是否正确便受到准确无误的检验。如果这些知觉是错误的,我们关于能否利用这个事物的判断必然也是错误的,要想利用也绝不会成功。可是,如果我们达到了我们的目的,发现事物符合我们关于该事物的观念,并产生我们所预期的效果,这就肯定地证明,**在这一范围内**,我们对事物及其特性的知觉符合存在于我们之外的现实。我们一旦发现失误,总是不需要很久就能找出失误的原因;我们会发现,我们的行动所依据的知觉,或者本身就是不完全的、肤浅的,或者是与其他知觉的结果不合理地混在一起——我们把这叫做有缺陷的推理②。只要我们正确地训练和运用我们的感官,使我们的行动只限于正确地形成的和正确地运用的知觉所规定的范围,我们就会发现,我们行动的结果证明我们的知觉符合所感知的事物的客观本性。到目前为

---

① 见歌德《浮士德》第1部第3场《书斋》。——编者注
② 在德译文中,"我们把这叫做有缺陷的推理"被删去。——编者注

止,还没有一个例子迫使我们作出这样的结论:我们的经过科学检验的感性知觉,会在我们的头脑中造成一些在本性上违背现实的关于外部世界的观念;或者,在外部世界和我们关于外部世界的感性知觉之间,存在着天生的不一致。

但是,新康德主义的不可知论者这时就说:我们可能正确地感知事物的特性,但是我们不能通过感觉过程或思维过程掌握自在之物。这个"自在之物"处于我们认识的彼岸。对于这一点,黑格尔早就回答了:如果你知道了某一事物的一切性质,你也就知道了这一事物本身;这时剩下来的便只是上述事物存在于我们之外这样一个事实;只要你的感官使你明白这一事实,你也就完全掌握这一事物,掌握康德的那个著名的不可认识的"自在之物"了。① 还可以补充一句:在康德的那个时代,我们对自然界事物的知识确实残缺不全,所以他可以去猜想在我们对于各个事物的少许知识背后②还有一个神秘的"自在之物"。但是这些不可理解的事物,由于科学的长足进步,已经接二连三地被理解、分析,甚至**重新制造出来了**;我们当然不能把我们能够制造的东西当做是不可认识的。对于本世纪上半叶的化学来说,有机物正是这样的神秘的东西;现在我们不必借助有机过程,就能按照有机物的化学成分把它们一个一个地制造出来。近代化学家宣称:只要知道不管何种物体的化学结构,就可以按它的成分把它制造出来。我们现在还远没有准确地认识最高有机物即蛋白体的结构;但是没有理由说几个世

---

① 黑格尔的相关论述,参看他的《逻辑学》第一部《客观逻辑》第二编《本质论》。——编者注
② 在德译文中不是"在我们对于各个事物的少许知识背后",而是"在各个事物背后"。——编者注

纪以后我们仍不会有这种认识,并根据这种认识来制造人造蛋白。我们一旦能做到这一点,我们同时也就制造了有机生命,因为生命,从它的最低形式直到最高形式,只是蛋白体的正常的存在方式。

然而,我们的不可知论者只要作出这些形式上的思想上的保留,他的言行就像十足的唯物主义者了,实际上他也是唯物主义者。他或许会说:就**我们**所知,物质和运动,或者如今所谓的能,是既不能创造也不能消灭的,但是我们无法证明它们不是在某一个时候创造出来的。可是,你要是想在某一特定场合下利用这种承认去反驳他,他立刻就会让你闭上嘴巴。他**抽象地**承认可能有唯灵论,但是他不想**具体地**知道是否有唯灵论。他会对你说:就我们所知道或所能知道的,并没有什么宇宙的造物主和主宰者;对我们来说,物质和能是既不能创造也不能消灭的;在我们看来,思维是能的一种形式,是脑的一种功能;我们只知道:支配物质世界的是一些不变的规律,等等。所以,当他是一个科学家的时候,当他还**知道**一些事情的时候,他是一个唯物主义者;可是,在他的科学以外,在他一无所知的领域中,他就把他的无知翻译成为希腊文,称之为不可知论。

无论如何,这一点是清楚的:即使我是一个不可知论者,显然①我也不能把这本小书所概述的历史观称为"历史不可知论"。信教的人将会嘲笑我,不可知论者也将厉声质问我是否在嘲弄他们。因此,我在英语中如果也像在其他许多语言中那样用"历史唯物主义"这个名词来表达一种关于历史过程的观点,我希望英

---

① 在德译文中没有"显然"一词。——编者注

国的体面人物①不至于过分感到吃惊。这种观点认为,一切重要历史事件的终极原因和伟大动力是社会的经济发展,是生产方式和交换方式的改变,是由此产生的社会之划分为不同的阶级,是这些阶级彼此之间的斗争。

如果我证明历史唯物主义甚至对英国的体面人物②也是有益的,人们对我或许还会更宽容一些。我已经说过:大约在四五十年以前,移居英国的有教养的外国人最惊奇的,是他必然会视为英国体面的中等阶级的宗教执迷和头脑愚蠢的那种现象。现在我就要证明,那时候的体面的英国中等阶级,并不像有知识的外国人所认为的那样愚蠢。这个阶级的宗教倾向是有其缘由的。

当欧洲脱离中世纪的时候,新兴的城市中等阶级③是欧洲的革命因素。这个阶级在中世纪的封建体制内已经赢得公认的地位,但是这个地位对它的扩张能力来说,也已经变得太狭小了。中等阶级即**资产阶级**的发展,已经不能同封建制度并存,因此,封建制度必定要覆灭。

但是封建制度的巨大的国际中心是罗马天主教会。它尽管发

---

① 在德译文中,"体面人物"后面加有"用德语来说叫做庸人"。——编者注

② 在德译文中不是"英国的体面人物",而是"英国庸人的体面人物"。——编者注

③ 在德译文中,在本段之前,恩格斯把英文用语"middle-class"("中等阶级")译为"Mittelklasse"("中等阶级")。从本段开始,直至以"资产阶级的第二次大起义"一句起首的那一段结束(见本书第 87 页),恩格斯将英文用语"middle-class"和"bourgeoisie"("资产阶级")都译为"Bürgerthum"("资产阶级");后面,恩格斯又把"bourgeoisie"译为"Bourgeoisie"("资产阶级")。——编者注

生了各种内部战争,还是把整个封建的西欧联合为一个大的政治体系,同闹分裂的希腊正教徒和伊斯兰教的国家相对抗。它给封建制度绕上一圈神圣的灵光。它按照封建的方式建立了自己的教阶制,最后,它本身就是最有势力的封建领主,拥有天主教世界的地产的整整三分之一。要想把每个国家的世俗的封建制度成功地①各个击败,就必须先摧毁它的这个神圣的中心组织。

此外,随着中等阶级的②兴起,科学也大大振兴了;天文学、力学、物理学、解剖学和生理学的研究又活跃起来。资产阶级为了发展工业生产,需要科学来查明自然物体的物理特性③,弄清自然力的作用方式。在此以前,科学只是教会的恭顺的婢女,不得超越宗教信仰所规定的界限,因此根本就不是科学。现在,科学反叛教会了;资产阶级没有科学是不行的,所以也不得不参加反叛。

以上只谈到新兴的中等阶级必然要同现存的教会发生冲突的两点原因,但足以证明:第一,在反对罗马教会权利的斗争中,最有直接利害关系的阶级是资产阶级;第二,当时反对封建制度的历次斗争,都要披上宗教的外衣,把矛头首先指向教会。可是,如果说率先振臂一呼的是一些大学和城市商人,那么热烈响应的必然是而且确实是广大的乡村居民即农民,他们为了活命不得不到处同他们的精神的和尘世的封建主④搏斗。

资产阶级⑤反对封建制度的长期斗争,在三次大决战中达到

---

① 在德译文没有"成功地"一词。——编者注
② 在德译文中此处加有"逐渐"一词。——编者注
③ 在德译文中不是"物理特性",而是"特性"。——编者注
④ 在德译文中此处加有"艰苦"一词。——编者注
⑤ 在德译文中不是"资产阶级",而是"欧洲资产阶级"。——编者注

了顶点。

第一次是德国的所谓宗教改革。路德提出的反对教会的战斗号召,唤起了两次政治性的起义:首先是弗兰茨·冯·济金根领导的下层贵族的起义(1523 年),然后是 1525 年伟大的农民战争。[70]这两次起义都失败了,主要是由于最有利害关系的集团即城市市民不坚决,——至于不坚决的原因,我们就不详述了。从那时起,斗争就蜕化为各地诸侯和中央政权①之间的战斗,结果,德国在200 年中被排除于欧洲在政治上起积极作用的民族之列。路德的宗教改革确实创立了一种新的信条,一种适合专制君主制需要的宗教。德国东北部的农民刚刚改信路德教派,就从自由人降为农奴了。

但是,在路德失败的地方,加尔文却获得了胜利。加尔文的信条正适合当时资产阶级中最果敢大胆的分子的要求。[71]他的宿命论的学说,从宗教的角度反映了这样一件事实:在竞争的商业世界,成功或失败并不取决于一个人的活动或才智,而取决于他不能控制的各种情况。决定成败的并不是一个人的意志或行动,而是全凭未知的至高的经济力量的恩赐;在经济变革时期尤其是如此,因为这时旧的商路和中心全被新的所代替,印度和美洲已被打开大门,甚至最神圣的经济信条即金银的价值也开始动摇和崩溃了。加尔文的教会体制是完全民主的、共和的;既然上帝的王国已经共和化了,人间的王国难道还能仍然听命于君王、主教和领主吗? 当德国的路德教派已变成诸侯②手中的驯服工具时,加尔文教派却

---

① 在德译文中不是"中央政权",而是"皇帝的中央政权"。——编者注
② 在德译文中不是"诸侯",而是"小诸侯"。——编者注

在荷兰创立了一个共和国,并且在英国,特别是在苏格兰,创立了一些活跃的共和主义政党。

资产阶级的第二次大起义,在加尔文教派中给自己找到了现成的战斗理论。这次起义是在英国发生的。发动者是城市中等阶级,完成者是农村地区的自耕农。很奇怪的是:在资产阶级的这三次大起义①中,农民提供了战斗大军,而农民恰恰成为在胜利后由于胜利带来的经济后果而必然破产的阶级。克伦威尔之后100年,英国的自耕农几乎绝迹了。如果没有这些自耕农和城市**平民**,资产阶级决不会单独把斗争进行到底,决不会把查理一世送上断头台。② 哪怕只是为了获得那些当时已经成熟而只待采摘的资产阶级的胜利之果,也必须使革命远远超越这一目的,就像法国在1793年和德国在1848年那样。显然,这就是资产阶级社会发展的规律之一。

在这种极端的革命活动之后,接踵而至的是不可避免的反动,这个反动也同样超出它可能继续存在下去的限度③。经过多次动荡以后,新的重心终于确立了,并且成了今后发展的新起点。英国历史上被体面人物④称为“大叛乱”的这段辉煌时期,以及随后的斗争,以自由党历史学家誉为“光荣革命”**14**的⑤较为不足道的事

---

① 在德译文中不是“起义”,而是“革命”。——编者注
② 在德译文中,这句话为:“无论如何,只是由于这些自耕农和城市平民的参与,斗争才得以进行到底,查理一世才得以被送上断头台。”——编者注
③ 在德译文中不是“超出它可能继续存在下去的限度”,而是“超出自己的目的”。——编者注
④ 在德译文中不是“体面人物”,而是“庸人”。——编者注
⑤ 在德译文中此处加有“1689年的”。——编者注

件而告结束。

新的起点是新兴的中等阶级①和以前的封建地主之间的妥协。后者在当时和现在均被称为贵族,其实早已开始向法国的路易-菲力浦在很久之后才变成的"王国第一流资产者"转变了。对英国幸运的是,旧的封建诸侯已经在蔷薇战争⁷²中自相残杀殆尽。他们的继承人虽然大部分是这些旧家族的后裔,但是离开嫡系已经很远,甚至形成了一个崭新的集团,他们的习惯和旨趣,与其说是封建的,不如说是资产阶级的。他们完全懂得金钱的价值,为了立即增加地租,竟把成百的小佃户赶走,而代之以绵羊。亨利八世贱卖教会的土地,造成一大批新的资产阶级地主;在整个17世纪不断发生的没收大采邑分赠给暴发户或半暴发户的过程,也造成了同样的结果。因此,从亨利七世以来,英国的"贵族"不但不反对发展工业生产,反而力图间接地②从中获益;经常有这样一部分大地主,他们由于经济的或政治的原因,愿意同金融资产阶级和工业资产阶级的首脑人物合作。这样,1689年的妥协很容易就达成了。"俸禄和官职"这些政治上的战利品留给了大地主家庭,只不过要充分照顾金融的、工业的和商业的中等阶级的经济利益。这些经济利益,当时已经很强大,足以决定国家的一般政策。当然,在细节问题上也会有争执,但是总的说来,贵族寡头非常清楚,他们本身的经济繁荣同工商业中等阶级的经济繁荣是密不可分的。

从这时起,资产阶级就成了英国统治阶级中的卑微的但却是

①　在德译文中,从这里开始到"唯物主义遭受中等阶级仇视"(见本书第89页)这句话为止(个别地方除外),恩格斯将英文用语"middle-class"("中等阶级")译为"Bourgeoisie"("资产阶级")。——编者注

②　在德译文中没有"间接地"一词。——编者注

公认的组成部分了。在压迫国内广大劳动群众方面,它同统治阶级的其他部分有共同的利益。商人或工厂主,对自己的伙计、工人和仆役来说,是站在主人的地位,或者像不久前人们所说的那样,站在"天然尊长"的地位。他的利益是要从他们身上尽可能取得尽量多和尽量好的劳动;为此目的,就必须把他们训练得驯服顺从。他本身是信仰宗教的,他曾打着宗教的旗帜战胜了国王和贵族;不久他又发现可以用这同样的宗教来操纵他的天然下属的灵魂,使他们服从由上帝安置在他们头上的那些主人的命令。简言之,英国资产阶级这时也参与镇压"下层等级",镇压全国广大的生产者大众了,为此所用的手段之一就是宗教的影响。

还有另一种情况也助长了资产阶级的宗教倾向。这就是唯物主义在英国的兴起。这个新的①学说,不仅震撼了中等阶级②的宗教情感,还自称是一种只适合于世上有学问的和有教养的人们的哲学,完全不同于适合于缺乏教养的群众以及资产阶级的宗教。它随同霍布斯起而维护至高无上的王权,呼吁专制君主制镇压那个**强壮而心怀恶意的小伙子**[73],即人民。同样地,在霍布斯的后继者博林布罗克、舍夫茨别利等人那里,唯物主义的新的自然神论形式,仍然是一种贵族的秘传的学说,因此,唯物主义遭受中等阶级仇视,既是由于它是宗教的异端,也是由于它具有反资产阶级的政治联系。所以,同贵族的唯物主义和自然神论相反,过去曾经为反对斯图亚特王朝的斗争提供旗帜和战士的新教教派,继续提供了进步的中等阶级的主要战斗力量,并且至今还是"伟大的自由党"

---

① 在德译文中这里加有"无神论的"。——编者注
② 英文原文为"middle-class",恩格斯把它译为德文词"Mittelstand"("中间等级")。——编者注

的骨干。

这时,唯物主义从英国传到法国,它在那里与另一个唯物主义哲学学派,即笛卡儿派[74]的一个支派相遇,并与之汇合。在法国,唯物主义最初也完全是贵族的学说。但是不久,它的革命性就显露出来。法国的唯物主义者并不是只批判宗教信仰问题;他们批判了当时的每一个科学传统或政治体制;为了证明他们的学说可以普遍应用,他们选择了最简便的方法:在他们由以得名的巨著《百科全书》中,他们大胆地把这一学说应用于所有的知识对象。这样,唯物主义就以其两种形式中的这种或那种形式——公开的唯物主义或自然神论,成为法国一切有教养的青年信奉的教义。它的影响很大,在大革命爆发时,这个由英国保皇党孕育的学说,竟给予法国共和党人和恐怖主义者一面理论旗帜,并且为人权宣言[75]提供了底本。

法国大革命是资产阶级的第三次起义,然而这是完全抛开宗教外衣、在毫不掩饰的政治战线上作战的首次起义;这也是真正把斗争进行到底,直到交战的一方即贵族被彻底消灭而另一方即资产阶级完全胜利的首次起义。在英国,革命以前的制度和革命以后的制度因袭相承,地主和资本家互相妥协,这表现在诉讼上仍然按前例行事,还虔诚地保留着一些封建的法律形式。在法国,革命同过去的传统完全决裂,扫清了封建制度的最后遗迹,并且在**民法典**[13]中把古代罗马法——它几乎完满地反映了马克思称之为商品生产的那个经济发展阶段的法律关系——巧妙地运用于现代的资本主义条件;这种运用实在巧妙,甚至法国的这部革命的法典直到现在还是所有其他国家,包括英国在内,在改革财产法时所依据的范本。可是我们不要忘记,英吉利法一直是用野蛮的封建的语言来表达资本主义社会的经济关系,——这种语言适应它所表达的事物的情况,正像英语的拼法适应英语读音的情况一模一样(一个法国人说过:**你们写的是伦敦,读出来却是君士坦丁堡**)——但是,只有英吉利法把古代日耳曼自由的精华,即个人自由、地方自治以及不受任何干涉(除了法庭干涉)的独立性的精华,保存了好几个世纪①,并把它们移植到美洲和各殖民地。这些东西在大陆上专制君主制时期已经消失,至今在任何地方都未能完全恢复。

还是再来谈我们的英国资产者吧。法国革命给他们一个极好的机会,能够借助大陆上的君主国家来破坏法国的海上贸易,兼并法国的殖民地,并且完全摧毁法国争霸海上的野心。这是他们要打击法国革命的原因之一。另一个原因是,这次革命的方法很不合他们的胃口。不仅是由于它采用了"可恶的"恐怖政策,而且还由于它想彻底实现资产阶级的统治。英国资产者怎么能没有本国的贵族呢?因为是贵族教他们像贵族那样待人接物,替他们开创新风气,为他们提供陆军军官以维持国内秩序,提供海军军官以夺取殖民地和新的海外②市场。当然,资产阶级中也有少数进步的人,他们并没有因妥协而得到多大利益;这一部分人主要是不太富裕的中等阶级,他们同情这次革命,[76]但是在议会中没有势力。

可见,唯物主义既然成为法国革命的信条,敬畏上帝的英国资产者就更要紧紧地抓住宗教了。难道巴黎的恐怖时代[77]没有证明,群众一旦失去宗教本能③会有什么样的结局?唯物主义越是

---

① 在德译文中不是"保存了好几个世纪",而是"原样保存下来"。——编者注
② 在德译文中没有"海外"一词。——编者注
③ 在德译文中没有"本能"一词。——编者注

从法国传播到邻近国家,越是得到各种类似的理论思潮,特别是德国哲学的支持,唯物主义和自由思想越是在大陆上普遍地真正成为一个有教养的人所必须具备的条件,英国的中等阶级就越是要顽固地坚守各种各样的宗教信条。这些信条可以各不相同,但全都是地道的宗教信条,基督教信条。

当革命在法国保证资产阶级赢得政治胜利的时候,在英国,瓦特、阿克莱、卡特赖特等人发动了一场工业革命,把经济力量的重心完全转移了。资产阶级的财富,比土地贵族的财富增长得更快。在资产阶级内部,金融贵族、银行家等等,越来越被工厂主推向后台。1689年的妥协,甚至在迎合资产阶级的利益逐步作了调整以后,也不再适合这次妥协的参与者们的力量对比了。这些参与者的性质也有所改变;1830年的资产阶级,与前一个世纪的资产阶级大不相同。政治权力仍然留在贵族的手中,并被他们用来抵制新工业资产阶级的野心,这种权力已经同新的经济利益不能相容了。必须同贵族进行一次新的斗争;斗争的结局只能是新的经济力量的胜利。首先,在1830年的法国革命的刺激下,不顾一切抵抗,通过了改革法案[78],使资产阶级在议会中获得了公认的和强大的地位。随后,谷物法废除[79]了,这又永远确立了资产阶级,特别是资产阶级中最活跃的部分即工厂主对土地贵族的优势。这是资产阶级的最大的胜利,然而,也是资产阶级仅仅为自己的利益获得的最后一次胜利。以后它取得任何一次胜利,都不得不同一个新的社会力量分享,这个新的社会力量起初是它的同盟者,不久就成了它的对手。

工业革命创造了一个大工业资本家的阶级,但是也创造了一个人数远远超过前者的产业工人的阶级。随着工业革命逐步波及各个工业部门,这个阶级在人数上不断增加;随着人数的增加,它的力量也增强了。这股力量早在 1824 年就已显露出来,当时它迫使议会勉强地废除了禁止工人结社①的法律。**80** 在改革运动中,工人是改革派的激进的一翼;当 1832 年的法案剥夺工人的选举权的时候,他们就把自己的要求写进人民宪章**81**,并组成一个独立的政党,即宪章派,以对抗强大的资产阶级反谷物法同盟**82**。这是近代第一个工人政党。

后来,大陆上发生了 1848 年 2 月和 3 月的革命,工人在革命中起了很重要的作用,而且,至少在巴黎,提出了一些从资本主义社会的观点看来决不能允许的要求。接着而来的是普遍的反动。最初是 1848 年 4 月 10 日宪章派的失败;其次是同年 6 月巴黎工人起义被镇压;再其次是 1849 年意大利、匈牙利和德国南部的不幸事件;最后是 1851 年 12 月 2 日路易·波拿巴战胜巴黎。这样,工人阶级的声势逼人的要求,至少在短时期内被压下去了,可是付出了多少代价啊! 英国资产者以前就认为必须使普通人民保持宗教情绪,在经历了这一切之后,他们对这种必要性的感觉会变得多么强烈啊! 他们毫不理会大陆上的伙伴们的讥笑,年复一年地继续花费成千上万的金钱去向下层等级宣传福音;他们不满足于本国的宗教机关,还求助于当时宗教买卖的最大组织者"乔纳森大哥"**83**,从美国输入了奋兴派**84**,引来了穆迪和桑基之流;最后,他们接受了"救世军"的危险的帮助——"救世军"恢复了原始基督教的布道方式,把穷人看做是上帝的选民,用宗教手段反对资本主义,从而助长了原始基督教的阶级对抗因素,这总有一天会给目前

---

① 在德译文中不是"禁止工人结社",而是"禁止结社自由"。——编者注

为此投掷金钱的富翁带来麻烦。

　　这似乎是历史发展的规律:资产阶级在欧洲任何一个国家都不能像中世纪的封建贵族那样独掌政权,至少不能长期独掌政权。即使在封建制度已经完全消灭的法国,资产阶级作为一个整体①完全掌握政权也只有很短的时期。在路易-菲力浦统治时期,即1830—1848年,只有一小部分资产阶级统治那个王国,大部分资产阶级则因高标准的选举资格限制而被剥夺了选举权。在第二共和国时代,即1848—1851年②,整个资产阶级统治国家,但为时不过三年;资产阶级的无能使第二帝国[85]得以产生。只有现在,在第三共和国时代,资产阶级作为一个整体才执掌政权20年以上;可是已经显露鲜明的衰落征兆了。资产阶级的长期统治,只有在像美国那样从来没有经过封建制度、社会一开始就建立在资产阶级基础之上的国家中,才是可能的。但是就连在法国和美国,资产阶级的继承者,即工人,也已经在敲门了。

　　在英国,资产阶级从未独掌全权。甚至1832年的胜利,也还是让土地贵族几乎独占了政府的所有要职。富裕的中等阶级何以如此恭顺,在自由党[86]的大工厂主威·爱·福斯特先生发表那篇公开演说③以前,我一直不能理解。福斯特先生在演说中敦劝布拉德福德的年轻人为自己的前程学习法语,他以他本人的经历说明④,他作为一个内阁大臣出入于说法语至少和说英语同样必要

①　在德译文中不是"整体",而是"阶级整体"。——编者注
②　在德译文中没有"即1848—1851年"。——编者注
③　参看《福斯特先生在布拉德福德》,载于1871年10月3日《泰晤士报》(伦敦)第27184号。——编者注
④　在德译文中不是"他以他本人的经历说明",而是"他说"。——编者注

的社交场合时,曾感到多么羞怯! 的确,当时的英国中等阶级①通常都是完全没有受过教育的暴发户,不得不把政府的高级职位让给贵族,因为那里所需要的,并不是那种夹杂着精明生意经的岛国狭隘性和岛国自大狂,而是其他一些本领。②

甚至目前报纸上关于中等阶级教育的无休止的争论,也表明英国中等阶级仍然认为自己不配受最好的教育,而为自己寻找某种比较谦卑的东西。所以,似乎很自然,甚至在谷物法废除以后,那些已经胜券在握的人,那些科布顿、那些布莱特、那些福斯特等等,还不能正式参与统治国家,直到 20 年之后,新的改革法案**87**才为他们敞开了内阁的大门。英国的资产阶级迄今还痛切地自惭社会地位的低微,甚至自己掏腰包或用人民的金钱豢养一个装饰门

---

① 英文原文为"middle-class",德译文为"Bourgeois"("资产者")。——编者注

② 恩格斯在这里加了一个注:"民族沙文主义的狂妄自大,即使在商业上,也是会坏事的。直到最近,普通的英国工厂主还以为,英国人不说本国话而说外国话,是有失尊严的,当他们看到外国的'可怜虫'迁居英国,使他们免去向国外推销产品的麻烦时,还引以自傲。他们根本没有觉察,这些外国人,大部分是德国人,因此而控制了英国很大一部分对外贸易,进口和出口都受到控制,英国人的直接对外贸易几乎只局限于殖民地、中国、美国和南美洲了。他们也没有觉察,这些德国人同在外国的其他德国人进行贸易,后者逐渐组织了一个遍及世界各地的完整的商业殖民地网。大约 40 年前,当德国认真地开始生产出口商品时,这个商业殖民地网就给德国帮了很大的忙,使它在很短的时期内从一个输出粮食的国家变成一个头等的工业国。后来,大约 10 年前,英国的工厂主大吃一惊,便询问英国的大使们和领事们:为什么他们再也不能维系自己的顾客。一致的答复是:(1)你们不学你们的顾客的语言,却要求他们说你们的语言;(2)你们不但不设法适应你们的顾客的需要、习惯和爱好,反而要他们迁就你们英国式的那一套。"——编者注

面的有闲等级,好在一切庄严的场合去体面地代表民族;当资产阶级中间一旦有人被准许进入这个归根到底是他们自己造成的高等特权集团时,便引以为无上光荣。

这样,工商业的中等阶级还没有来得及把土地贵族全部逐出政权,另一个竞争者,工人阶级,已经登上舞台了。宪章运动[88]和大陆革命以后的反动,以及 1848—1866 年英国贸易的空前繁荣(通常这只是被归功于自由贸易,其实更多地应归功于铁路、远洋轮船以及全部交通工具的巨大发展),又使工人阶级依附自由党了,他们在这个党内,也像在宪章运动以前那样,组成了激进的一翼。可是,工人们对选举权的要求逐渐不可遏止;在辉格党[89]人即自由党的首领们"畏缩不前"的时候,迪斯累里却显示了自己的高明,他促使托利党[90]人抓紧有利时机,在城镇选区中实施了户主的选举权①,并且重新划分选区。随后实行了秘密投票;1884 年又把户主的选举权推广到各郡,再次划分了选区,使各选区在某种程度上趋于平衡。[91]这一切措施显然增加了工人阶级在选举中的力量,现在,至少在 150—200 个选区中,工人阶级已经占选民的大多数。但是议会制度是训练人们尊重传统的最好的学校;如果说,中等阶级曾经怀着敬畏的心情仰望约翰·曼纳斯勋爵所戏称的"我们的老贵族"②,那么,工人群众则以尊重和恭敬的态度对待当时所谓的"优秀人物"即中等阶级③。的确,大约在 15

---

① 在德译文中,在"户主的选举权"的后面加了一个括号,内中的文字是"它适用于每一个租有单独住房的人"。——编者注
② 见约·曼纳斯的诗集《英格兰的托付》1841 年伦敦版第 24 页。——编者注
③ 英文原文为"middle-class",德译文为"Bourgeoisie"("资产阶级")。——编者注

年前,英国的工人是模范工人,他们对雇主谦恭有礼,在要求自己的权利时温顺克己,这使我们德国的**讲坛社会主义**[92]学派的经济学家们感到安慰,他们正苦于本国的工人不可救药地倾向于共产主义和革命。

但是英国的中等阶级①——毕竟是很好的生意人——比德国的教授们看得更远。他们只是迫不得已才同工人阶级分享政权。在宪章运动的年代,他们对那个**强壮而心怀恶意的小伙子**即人民会有什么作为已经有所领教了。从那时以来,他们被迫把人民宪章的大部分要求纳入联合王国的法律。现在比以往任何时候都更需要用精神手段去控制人民,影响群众的首要的精神手段依然是宗教。于是,在学校董事会中牧师就占了优势;于是,资产阶级不断自我增税,以维持各种奋兴派②,从崇礼派[93]直到"救世军"[68]。

现在,英国的体面人物③终于战胜了大陆资产者的自由思想和对宗教的冷淡态度。法国和德国的工人已经变成了叛乱者。他们全都感染了社会主义,而且,他们在选择夺取统治权的手段时,有极充分的理由毫不考虑是否合法。这个**强壮的小伙子**一天比一天更加**心怀恶意**。法国和德国的资产阶级只好采取最后的办法,不声不响地抛弃了他们的自由思想,就像一个少年公子感到晕船时,把他为了在甲板上装腔作势而叼在嘴里的雪茄烟悄悄地吐掉

---

① 英文原文为"middle-class",德译文为"Bourgeois"("资产者")。——编者注
② 在德译文中不是"以维持各种奋兴派",而是"以从事各种可能的宗教鼓动"。——编者注
③ 在德译文中不是"英国的体面人物",而是"体面的英国庸人"。——编者注

一样;嘲笑宗教的人,一个一个地在外表上变成了笃信宗教的人,他们毕恭毕敬地谈论教会、它的教义和仪式,甚至在必要时,自己也举行这种仪式了。法国资产者每逢星期五吃素⁹⁴,德国资产者每逢星期日①就呆坐在教堂的椅子上,聆听新教的冗长布道。他们已经因唯物主义而遭殃。"**Die Religion muss dem Volk erhalten werden**"——"必须为人民保存宗教"⁹⁵,这是使社会不致完全毁灭的唯一的和最后的拯救手段。对他们自己来说,不幸的是:等到他们发现这一点时,他们已经用尽一切力量把宗教永远破坏了。现在轮到英国资产者来嘲笑他们了:"蠢材! 这个我早在 200 年前就可以告诉你们了!"

然而,无论英国资产者的宗教执迷,还是大陆资产者的**事后**皈依宗教,恐怕都阻挡不了日益高涨的无产阶级的潮流。传统是一种巨大的阻力,是历史的**惯性力**,但是它是消极的,所以一定要被摧毁;因此,宗教也不能永保资本主义社会的平安。如果说我们的法律的、哲学的和宗教的观念,都是一定社会内占统治地位的经济关系的近枝或远蔓,那么,这些观念终究不能抵抗因这种经济关系的完全改变所产生的影响。除非我们相信超自然的奇迹,否则,我们就必须承认,任何宗教教义都难以支撑一个摇摇欲坠的社会。

事实上,在英国,工人也重新开始活动了。无疑地,他们还拘泥于各种传统。首先是资产者的传统,例如,有一种很普遍的看法,以为只能有两个政党——保守党和自由党,而工人阶级必须依靠并通过伟大的自由党来谋取自身的解放。还有工人的传统,从

---

① 在德译文中没有"每逢星期日"。——编者注

工人最初尝试独立行动时所因袭下来的传统,例如,凡是没有经过正规学徒训练的工人都被许多旧工联关在门外;每一个采取这种做法的工会这样一来就等于为自己培养工贼。但是尽管如此,英国的工人阶级还是在前进,甚至布伦坦诺教授也不能不惋惜地把这一点告诉他的讲坛社会主义者同仁。[96]工人阶级在前进,如同英国的种种事情一样,迈出的是缓慢而适度的步伐,有时踌躇不定,有时作一些没有多大效果的尝试,在前进中有时过分小心地猜疑"社会主义"这个词,却又逐渐吸收社会主义的实质;运动在扩展着,吸引了一批又一批的工人。现在它已经唤醒了伦敦东头[97]的那些没有技术的工人,我们看到,这些新的力量反过来又给工人阶级以多么有力的推动。如果运动的步伐赶不上某些人的急躁要求,那么就请他们不要忘记:正是工人阶级保存着英国民族性格的最优秀的品质,在英国所取得的每一个进步,以后照例是永不会化为乌有的。如果说老宪章派的儿子们由于上述原因还做得不够,那么,孙子们则可望不辱没他们的祖父。

但是,欧洲工人阶级的胜利不是仅仅取决于英国。至少需要英法德三国的共同努力,才能保证胜利。在法国和德国,工人运动远远地超过了英国。在德国,工人运动的胜利甚至指日可待了。那里运动的进展在最近25年是空前的。它正以日益加快的速度前进着。如果德国的中等阶级①已经表明自己非常缺乏政治才能、纪律、勇气、活力和毅力②,那么,德国工人阶级则充分证明了自己具备这些品质。400年前,德国曾是欧洲中等阶级第一次起

---

① 英文原文为"middle-class",德译文为"Bourgeoisie"("资产阶级")。——编者注
② 在德译文中没有"毅力"一词。——编者注

义的出发点;依目前的形势来判断,德国难道不可能又成为欧洲无产阶级夺取第一次伟大胜利的舞台吗?

弗·恩格斯

1892 年 4 月 20 日

写于 1892 年 4 月 4—20 日

原文是英文

载于 1892 年在伦敦出版的《社会主义从空想到科学的发展》一书

选自《马克思恩格斯全集》中文第 2 版第 29 卷第 358—386 页

弗·恩格斯

给《萨克森工人报》编辑部的答复⁹⁸

致《社会民主党人报》⁹⁹编辑部

笔者敬请贵报刊登下面这封信,这封信已经在昨天寄给德累斯顿《萨克森工人报》现在的编辑部。

———

《萨克森工人报》原编辑部在自己的告别辞(1890年8月31日第105号)中说,小资产阶级议会社会主义在德国拥有多数,但是多数往往很快就会变成少数,

"因此《萨克森工人报》原编辑部和弗里德里希·恩格斯共同希望,正如当时拉萨尔的幼稚的国家社会主义被克服一样,目前社会民主党中贪求成功的议会派也将很快被德国工人的健康思想所克服"。①

原编辑部的这些话非常出乎我的意料。也许对编辑部本身来说也是如此……关于小资产阶级议会社会主义在德国党内拥有多数这个情况,我至今一无所知。因此,编辑部喜欢"希望"什么并且有兴趣"希望"多久,都可以听便,只是我不打算和它"共同"去希望。

---

① 《致本报读者》,载于1890年8月31日《萨克森工人报》(德累斯顿)第105号。——编者注

如果说我对不久前在我们德国党内发生的著作家和大学生骚动⁹的性质还可能有怀疑的话,那么当看到有人竟极端无耻地企图宣布我支持这些先生们的阴谋时,任何怀疑都应该消除了。

我同已卸任的编辑部的全部联系在于,编辑部几个星期来在我没有提出要求的情况下一直把自己的报纸寄给我,不过我并不认为有必要把我在这家报纸上看到的东西告诉它。现在我应当把这些东西告诉它了,并且是公开地告诉它。

在理论方面,我在这家报纸上看到了(一般来说在"反对派"的所有其他报刊上也是这样)被歪曲得面目全非的"马克思主义",其特点是:第一,对他们宣称要加以维护的那个世界观完全理解错了;第二,对于在每一特定时刻起决定作用的历史事实一无所知;第三,明显地表现出德国著作家所特具的无限优越感。马克思在谈到70年代末曾经在一些法国人中间广泛传播的"马克思主义"时也预见到会有这样的学生,当时他说"Tout ce que je sais, c'est que moi, je ne suis pas marxiste'"——"我只知道**我**不是'马克思主义者'"。①

在实践方面,我在这家报纸上看到的,是完全不顾党进行斗争的一切现实条件,而幻想置生死于不顾地"拿下障碍物";这也许会给作者们的不屈不挠的年轻人的勇气带来荣誉,但是,如果把这种幻想搬到现实中去,则可能把一个甚至最强大的、拥有数百万成员的党,在所有敌视它的人的完全合情合理的嘲笑中毁灭掉。可是,甚至一个小宗派贸然实行这种只有中学生水平的政策也不会不受到惩罚,关于这一点,从那时以来这些先生们的确已经取得独特的经验了。

他们几个月来对国会党团或者说党的执行委员会积下的埋怨

---

① 参看本书第8、10页。——编者注

情绪,归结起来,最多也不过是些微不足道的东西。但是,如果这些先生们乐意去滤出蚊虫,那也决没有道理要德国工人为了对此表示感激就吞下骆驼。**100**

总之,他们收割的,正是他们种下的。且不谈他们所提出的问题的内容,他们在发动这整个运动时,是那样幼稚、那样天真而自我陶醉地看待自身的重要性,看待党内事物和所存在的观点的状况,以至于结局在刚开始的时候就已经注定了。但愿这些先生们能记取这个经验教训。他们之中有的人曾经写出可以令人抱某些希望的东西。他们之中的大多数本来是可以有所作为的,如果他们不那么深信他们目前所达到的发展阶段是完美无缺的话。但愿他们能懂得:他们那种本来还需要彻底的、批判性的自我修正的"学院式教育",并没有授予他们有资格在党内担任相应职位的军官证书;在我们党内,每个人都应该从普通一兵做起;要在党内担任负责的职务,仅仅有写作才能或理论知识,甚至二者全都具备,都是不够的,要担任领导职务还需要熟悉党的斗争条件,掌握这种斗争的方式,具备久经考验的耿耿忠心和坚强性格,最后还必须自愿地把自己列入战士的行列中——一句话,他们这些受过"学院式教育"的人,总的说来,应该向工人学习的地方,比工人应该向他们学习的地方要多得多。

弗里德里希·恩格斯

1890 年 9 月 7 日于伦敦

写于 1890 年 9 月 7 日

载于 1890 年 9 月 13 日《社会民主党人报》第 37 号

原文是德文

选自《马克思恩格斯全集》中文第 2 版第 29 卷第 84—86 页

弗·恩格斯

答保尔·恩斯特先生[101]

一位朋友寄给我一份 9 月 16 日的马格德堡《人民呼声报》[102]。我在上面看到一篇署名保尔·恩斯特的文章,其中有这样一段话:

"既然恩格斯现在用'大学生骚动'[9]来指称我们反对派,那么我就要请他指出,我们在什么地方持有过同他自己和马克思本人不同的观点;如果说我把我们的议会社会民主派描写成部分地具有浓厚的小资产阶级性质,那么恩格斯只需看一看他本人 1887 年在自己的著作《论住宅问题》的序言①中所写的内容。"

我同德国著作家们的交往多年来已经使我积累了许多极其离奇的经验。然而,看来这种交往注定还要变得更为开心。看,我必须向保尔·恩斯特先生指出,"我们"在什么地方持有过不同的观点云云。对于"我们",即前不久曾经那样趾高气扬地登场又那样垂头丧气地退场的那个被我用著作家和大学生骚动来指称的"反对派",我们可以简单地回答说:几乎在他们发表的每一篇文章里。

---

① 指恩格斯《〈论住宅问题〉一书第二版序言》,见《马克思恩格斯全集》中文第 2 版第 28 卷。——编者注

至于说恩斯特先生本人，我根本没有必要再就这个问题同他对话。因为我在四个月之前就已经对他谈过了，可是现在，不论愿意与否，我都不得不用我的这次"郑重"①的通信来烦扰读者。

今年5月31日，恩斯特先生从格伯斯多夫写信给我说，海尔曼·巴尔先生在《自由论坛》**103**上责备他在研究斯堪的纳维亚半岛的妇女运动时错误地运用了马克思的历史研究方法②，因此问我能否给他

"用几句话谈一谈，我的观点是否符合马克思的观点，此外，请允许我在同巴尔论战时利用您的信"。

为此我在6月5日答复他说，我不能介入他同巴尔先生的争论，而且我对"斯堪的纳维亚半岛的妇女运动"一无所知。接着我这样写道：

"至于您用唯物主义方法处理问题的尝试，我首先必须说明：如果不把唯物主义方法当做研究历史的指南，而把它当做现成的公式，按照它来剪裁各种历史事实，那它就会转变为自己的对立物。如果巴尔先生认为他抓住了您的这种错误，我看他是有点道理的。

您把整个挪威和那里所发生的一切都归入小市民阶层的范畴，接着您又毫不迟疑地把您对**德国**小市民阶层的看法硬加在这个挪威小市民阶层身上。这样一来就有两个事实横亘在

---

① 双关语：德文"Ernst"（恩斯特）是姓，作为普通名词又有"郑重"的含义。——编者注
② 海·巴尔《马克思主义的模仿者》，载于1890年5月28日《现代生活自由论坛》（柏林）第17期。——编者注

您的面前。

第一,当对拿破仑的胜利在整个欧洲成了反动派对革命的胜利的时候,当革命还仅仅在自己的法兰西祖国引起这样多的恐惧,使从国外返回的正统王朝不得不颁布一部资产阶级自由主义宪法的时候,挪威已经找到机会争得一部比当时欧洲的任何一部宪法都要民主得多的宪法。[4]

第二,挪威在最近 20 年中所出现的文学繁荣,在这一时期除了俄国以外没有一个国家能与之媲美。这些人无论是不是小市民,他们创作的东西要比其他人所创作的多得多,而且他们还给包括德国文学在内的其他各国的文学打上了他们的印记。

在我看来,这些事实使我们有必要对挪威小市民阶层的特性作一定程度的研究。

在这里,您也许会发现一个极其重大的区别。在德国,小市民阶层是遭到了失败的革命的产物,是被打断和遏制了的发展的产物;由于经历了三十年战争[5]和战后时期,德国的小市民阶层具有胆怯、狭隘、束手无策、毫无首创能力这样一些畸形发展的特殊性格,而正是在这段时间里,几乎所有的其他大民族都在迅猛发展。后来,当德国再次被卷入历史运动的时候,德国的小市民阶层仍然保留着这种性格;这种性格十分顽强,在我国的工人阶级最后打破这种狭窄的框框以前,它作为一种普遍的德国典型,也给德国的所有其他社会阶级或多或少地打上它的烙印。德国工人'没有祖国',这一点正是最强烈地表现在他们已经完全摆脱了德国小市民阶层的狭隘性。

可见,德国的小市民阶层并不是一个正常的历史状态,而是一幅夸张到了极点的漫画,是一种退化,正如波兰的犹太人是犹太人的漫画一样。英法等国的小资产者和德国的小资产者绝不是处于同一水平的。

而在挪威,掺杂着少量中等资产阶级的小农和小资产阶级(大致和17世纪时英法两国的情形一样),好几个世纪以来都是正常的社会状态。在挪威,谈不上由于伟大运动的失败和三十年战争而被迫退回到过时的状态中去。这个国家由于它的闭塞和自然条件而落后,可是,它的状况是完全适合它的生产条件的,因而是正常的。只是直到最近,这个国家才零散地出现了一点点大工业,可是在那里并没有资本积聚的最强有力的杠杆——交易所,此外,海外贸易的猛烈扩展也正好产生了保守的影响。因为在其他各地轮船都在排挤帆船的时候,挪威却在大规模地扩大帆船航运,它所拥有的帆船队即使不是世界上最大的,无疑也是世界上第二大的,而这些船只大部分都为中小船主所有,就像1720年前后的英国那样。但是这样一来,旧有的停滞状态毕竟开始运动了,这种运动也表现在文学的繁荣上。

挪威的农民从来都不是农奴,这使得全部发展(卡斯蒂利亚的情形也类似)具有一种完全不同的背景。挪威的小资产者是自由农民之子,在这种情况下,与堕落的德国小市民相比,他们是**真正的人**。① 就拿易卜生的戏剧来说,不管有怎样的缺点,它们却反映了一个虽然是中小资产阶级的、但与德国相比却有天渊之别的世界;在这个世界里,人们还有自己的性格以及首创精神,并且独立地行动,尽管在外国人看来往往有些奇怪。因此,在我对这类东

---

① 在恩格斯1890年6月5日致保·恩斯特的信的草稿中,这里还有一句话:"同样,挪威的小资产阶级妇女与德国的小市民妇女相比也不知要好多少倍。"(见本书第7页)——编者注

西作出判断以前,我宁愿先把它们彻底了解清楚。"①

可见,我在这里尽管是客气地,但是却足够清楚和明确地向恩斯特先生指出了"在什么地方",就是在他自己寄给我的《自由论坛》上的那篇文章②里。我向他说明,他把马克思的世界观当做纯粹的公式,按照它来剪裁各种历史事实,而这正是我责备那些先生们对这个世界观"完全理解错了"的一个例子③。接着我通过他自己所举的挪威的例子向他指出,他把以德国为样本的小市民阶层的公式套用于挪威,是违反历史事实的,这样我就事先而且是以他本人为例证明了我同样用来责备那些先生们的话:"对于在每一特定时刻起决定作用的历史事实一无所知。"②

而现在请看,恩斯特先生是如何假装正经地把自己装扮成一个在柏林大街上被头一个遇上的高等流氓当做"那路货"来对待的纯朴的乡村姑娘。在收到上面那封信以后过了四个月,他像受辱的贞女一样出现在我面前,要我告诉他"在什么地方?"看来恩斯特先生经历了文学情绪的两个阶段。起初他鲁莽而自信地大声喧嚷,似乎在空洞的喧嚷背后真的还藏着什么其他的东西;而当人们起来自卫的时候,他就声明说,他什么也没有说过,并且抱怨别人可耻地侮辱了他的纯洁的感情。受辱的贞女在他给我的信中抱怨巴尔先生"极端无耻地对待了他"!受辱的贞女在他给我的答复中十分天真地质问:"在什么地方?"而他在四个月以前就应当知道答案了。被误解的君子也在马格德堡《人民呼声报》上质问

---

① 见本书第4—7页。——编者注
② 保·恩斯特《妇女问题和社会问题》,载于1890年5月14日《现代生活自由论坛》第15期。——编者注
③ 见本书第102页。——编者注

曾经恰如其分地警告过他的老布雷默:"在什么地方?"**104**

> 每一声叹息都是在问:在什么地方?
> 都是在问:在什么地方?

可能恩斯特先生还想更多地知道"在什么地方?"——那好吧,例如,还在他发表于《人民论坛》的关于《马克思主义的危险》①的文章中,在那里他直截了当地重复他从形而上学者杜林那里学来的荒谬论断,说什么在马克思那里历史是没有(正是创造历史的)人的参与而完全自动地演进的,人完全像棋子一样受经济关系(而它们本身就是人创造的!)的摆布。这个人竟能把杜林这样的敌人对马克思理论所作的歪曲同这个理论本身混为一谈,让别人去帮助他吧,我可不干这种事。

但愿我可以不用再回答更多的"在什么地方?"这种问题。恩斯特先生是如此多产,文章从他的笔尖下出来得如此迅速,以致他的文章到处都碰得到。当你认为终于穷尽了的时候,他又声称自己还是这篇或那篇匿名文章的作者。既然我们这样的人跟不上趟,就禁不住希望恩斯特先生能让人给他自己开点什么药吃一吃。

另外,恩斯特先生还写道:

"如果说我把我们的议会社会民主派描写成部分地具有浓厚的小资产阶级性质,那么恩格斯只需"云云。

部分地具有浓厚的小资产阶级性质? 那篇发表于《萨克森工人报》并迫使我提出反驳的文章②说,小资产阶级议会社会主义目

---

① 保·恩斯特《马克思主义的危险》,载于1890年8月9日《柏林人民论坛》第32号附刊。——编者注
② 见本书第101页。——编者注

前在德国拥有**多数**。而我说,关于这点我一无所知。现在恩斯特先生只想提出这样的论断:国会党团"部分地"具有浓厚的小资产阶级性质。又是这个被误解的君子,凶恶的人们把各种可耻行为强加于他。但是,如果说不仅在国会党团中,而且在整个党内都有小资产阶级派别的代表,有谁会提出异议呢?每个党都有右翼和左翼,社会民主党的右翼具有小资产阶级性质,这是理所当然的。如果全部问题仅在于此,那么所有这些大叫大嚷又是为什么呢?我们注意这个老问题已经许多年了,但是这同小资产阶级在国会党团中乃至在党内占多数还离得很远。当真有这样的危险的时候,谁也不会等待这些古怪而忠实的埃卡尔特来发出警号。迄今为止,无产阶级反对反社会党人法[8]的活泼快乐的斗争[105]以及经济的迅速发展,使这种小资产阶级因素日益失去土壤、空气和阳光,而无产阶级因素则不断发展壮大。

最后,我还可以告诉恩斯特先生一点:对党来说,小资产阶级的国会党团并不那么危险,因为在下次选举时可以把它扔到废物堆里去,而更危险得多的是高谈阔论的著作家和大学生集团,特别是因为他们不能认清最简单的事物,在判断经济和政治形势时不能毫无偏见地权衡现存各种事实的轻重和参与斗争的各种力量的强弱,所以他们想强迫党接受一种极其轻率的策略,就像布鲁诺·维勒先生和泰斯特勒先生公开阐明,而恩斯特先生也以较温和的方式阐明的那样。如果这个集团结合成一个互助保险会之类的东西,并且动用一切有组织的宣传手段,以便把自己的成员安插到党报编辑的位置上并通过党的报刊来指挥党,那它就会更加危险。12年前反社会党人法使我们避免了这样一种在当时就已经临近了的危险。现在,当这个法律破产了的时候,这种危险又重新出现了。但愿这一事实能让保尔·恩斯特先生明白,为什么我极力反对把我同这类集团的分子混为一谈。

弗里德里希·恩格斯

1890 年 10 月 1 日于伦敦

写于 1890 年 10 月 1 日

载于 1890 年 10 月 5 日《柏林人民报》第 232 号

原文是德文

选自《马克思恩格斯全集》中文第 2 版第 29 卷第 97—104 页

注　释

1 阿·洛里亚是意大利社会学家、经济学家,庸俗政治经济学代表人物。恩格斯在这封信中,根据客观事实,揭露了洛里亚自称是唯物史观的发现者的谎言,强调唯物史观是马克思的重大发现,并且驳斥了洛里亚关于《资本论》第三卷的错误观点。——3。

2 见恩格斯1883年4月底给阿·洛里亚的信。这封信用德文发表于1883年5月17日《社会民主党人报》第21号上的《卡尔·马克思的逝世》一文中(见《马克思恩格斯全集》中文第2版第25卷第612—613页)。恩格斯对洛里亚的批判,另见《资本论》第三卷序言和增补(见《马克思恩格斯文集》第7卷第20—24页、第1006—1019页)以及恩格斯1895年3月12日给康·施米特的信(见本书第68页)。——4。

3 1890年9月16日《人民呼声报》上发表了保·恩斯特的文章,文中歪曲恩格斯的观点,声称恩格斯和"青年派"(见注9)持有相同的观点。鉴于这种情况,恩格斯写了《答保尔·恩斯特先生》(见本书第104—111页)一文,其中附有这封信的部分内容。——4。

4 分别指1814年法国的立宪宪章和挪威的埃兹沃尔宪法。

法国波旁王朝复辟以后,路易十八于1814年6月4日颁布立宪宪章。立宪宪章确立了君主立宪制,大工商业资产阶级和大金融资产阶级得以与上层贵族分享权力,但广大群众被完全排除在政治生活之外。

挪威议会于1814年5月17日在埃兹沃尔通过主要依据法国1791年宪法制定的宪法。宪法宣布挪威为独立的君主立宪制国家;实行三权分立;年满25周岁、拥有一定财产和土地或有长期租佃权的男子(约占成年男子的 45%)享有选举权等。——5、106。

5　三十年战争(1618—1648 年)是一次全欧洲范围的战争,由新教徒和天主教徒之间的斗争引起,是欧洲国家集团之间矛盾尖锐化的结果。德国是战争的主要场所,是战争参加者进行军事掠夺和侵略的对象。

三十年战争分为四个时期:捷克时期(1618—1624 年),丹麦时期(1625—1629 年),瑞典时期(1630—1635 年)以及法国瑞典时期(1635—1648 年)。

三十年战争以 1648 年缔结威斯特伐利亚和约而告结束,和约的签订加深了德国政治上的分裂。——5、48、106。

6　《德意志言论》(Deutsche Worte)是奥地利的一家经济和社会政治杂志,1881—1904 年在维也纳出版;1881—1883 年 6 月是周刊,1883 年 7 月起改为月刊。——7。

7　《人民论坛》即《柏林人民论坛。社会政治周报》(Berliner Volks-Tribüne.Social-Politisches Wochenblatt),是德国社会民主党的周刊,1887—1892年在柏林出版;接近半无政府主义反对派"青年派"。

1890 年 6 月 14 日、28 和 7 月 5 日、12 日《柏林人民论坛》以《每个人的全部劳动产品归自己》为总标题连续刊载了斐·纽文胡斯、保·恩斯特、理·费舍以及署名"一个工人"的文章,展开了关于未来社会中的产品分配问题的辩论,7 月 12 日还刊载了关于辩论的结束语。——8。

8　反社会党人法即反社会党人非常法,是俾斯麦政府在帝国国会多数的支持下于 1878 年 10 月 19 日通过并于 10 月 21 日生效的一项法律,其目的在于反对社会主义运动和工人运动。这项法律把德国社会民主党置于非法地位,党的一切组织、群众性的工人组织被取缔,社会主义的和工人的刊物都被查禁,社会主义文献被没收,社会民主党人遭到镇压。但是,社会民主党在马克思和恩格斯的积极帮助下战胜了自己队伍中的机会主义分子和极"左"分子,得以在非常法生效期间正确地把地下工作同利用合法机会结合起来,大大加强和扩大了自己在群众中的影响。在日益壮大的工人运动的压力下,反社会党人非常法于 1890

年 10 月 1 日被废除。恩格斯对这项法律的评价,见《俾斯麦和德国工人党》(《马克思恩格斯全集》中文第 2 版第 25 卷)一文。——9、110。

9　大学生骚动指"青年派"对德国社会民主党的领导人及党的政策的批评。"青年派"是德国社会民主党内于 1890 年最终形成的小资产阶级半无政府主义反对派。它的主要核心是那些以党的理论家和领导者自居的年轻的大学生、著作家和一些地方党报的编辑("青年派"的名称由此而来)。"青年派"的思想家是保·恩斯特、保·康普夫迈耶尔、汉·弥勒、布·维勒等人。"青年派"忽视在反社会党人非常法废除之后党的活动条件所发生的变化,否认利用合法斗争形式的必要性,反对社会民主党参加议会选举和利用议会的讲坛;指责社会民主党及其执行委员会维护小资产阶级的利益,奉行机会主义,破坏党的民主。1891 年 10 月德国社会民主党的爱尔福特代表大会把"青年派"一部分领导人开除出党。——10、102、104。

10　指法国的圣西尔军事专科学校。该校 1803 年由拿破仑·波拿巴创建于枫丹白露,1808 年迁至巴黎郊外凡尔赛宫附近的圣西尔,并因此而得名。该校早期主要为步兵和骑兵训练军官。——10。

11　《苏黎世邮报》(Züricher Post)是瑞士民主派的日报,1879 — 1936 年出版。——14。

12　恩格斯指自己 1842 — 1844 年在曼彻斯特的欧门—恩格斯公司所属的纺纱厂实习经商。这几年的经历在恩格斯世界观的形成以及他从唯心主义向唯物主义、从革命民主主义向共产主义的转变过程中起了重要的作用。——14。

13　拿破仑法典狭义地指在拿破仑第一统治时期于 1804 年通过并以《拿破仑法典》著称的民法典,广义地指拿破仑第一统治时期于 1804 — 1810 年通过的五部法典:民法典、民事诉讼法典、商业法典、刑法典和刑事诉讼法典。这些法典曾沿用于拿破仑法国所占领的德国西部和西南部,在莱茵地区于 1815 年归并于普鲁士以后仍继续在该地区有效。恩格斯称法兰西民法典为"典型的资产阶级社会的法典"(见《马克思恩格斯全集》中文第 2 版第 28 卷第 362 页)。——18、90。

14　指英国 1688 年政变。这次政变驱逐了斯图亚特王朝的詹姆斯二世,宣布荷兰共和国的执政者奥伦治的威廉三世为英国国王。从 1689 年起,在英国确立了以土地贵族和大资产阶级的妥协为基础的立宪君主制。这次没有人民群众参加的政变被资产阶级史学家称做"光荣革命"。——19、87。

15　自然神论是一种推崇理性原则,把上帝解释为非人格的始因的宗教哲学理论,曾是资产阶级反对封建制度和正统宗教的一种理论武器,也是无神论在当时的一种隐蔽形式。这种理论反对蒙昧主义和神秘主义,认为上帝不过是"世界理性"或"有智慧的意志",上帝在创世之后就不再干预世界事务,而让世界按它本身的规律存在和发展下去。在封建教会世界观统治的条件下,自然神论者往往站在理性主义的立场上批判中世纪的神学世界观,揭露僧侣们的寄生生活和招摇撞骗的行为。——19、78。

16　1891 年夏秋两季,恩格斯由于过度劳累不止一次地中断工作,离开伦敦。6 月 26 日—8 月 24 日这段时间,他断断续续地同卡·肖莱马和乔·哈尼在赖德(怀特岛)休养,住在他的内侄女玛·埃·罗舍家里;后来,大约 9 月 8—23 日,他同玛·埃·罗舍和路·考茨基在爱尔兰和苏格兰旅行。——22。

17　指政治经济学教授尤·沃尔弗阻拦康·施米特担任大学讲师一事。沃尔弗反对施米特进入苏黎世大学,其理由是施米特担任过社会民主党报纸《柏林人民论坛》的编辑。——23。

18　"从无通过无到无"见黑格尔《逻辑学》第 1 部第 2 册,《黑格尔全集》第 4 卷 1834 年柏林版第 15、75、146 页。——23。

19　1891 年 6 月 18 日,理·费舍受德国社会民主党执行委员会的委托,将下列材料寄给恩格斯审阅:由威·李卜克内西起草的第一个纲领草案、经奥·倍倍尔亲自修改的一份草案、李卜克内西根据倍倍尔的修改意见拟就的第二个草案以及执行委员会经过一系列会议讨论确定和通过的草案。根据执行委员会的决议,这个在执行委员会内部通过的纲领草案,除了寄给恩格斯审阅外,还寄给了社会主义运动和工人运动的领

袖以及社会民主党国会党团的成员审阅。恩格斯在《1891 年社会民主
党纲领草案批判》(见《马克思恩格斯全集》中文第 2 版第 29 卷)中对纲
领草案作了详细的分析,肯定这个草案优于哥达纲领,并分别对草案的
绪论部分、政治要求和经济要求提出具体修改意见。党的执行委员会
收到恩格斯的批评意见后,对草案作了一些修改,并作为正式草案发表
在 1891 年 7 月 4 日《前进报》上。正式的纲领草案发表以后,在 400 多
次人民代表会议和党的代表会议上以及在《前进报》和《新时代》上,就
这个纲领草案展开了广泛的讨论。在讨论中,不仅提出了具体的建议
和修改意见,而且还提出了几个新的纲领草案。《新时代》编辑部也提
出了一个新的纲领草案。恩格斯就《新时代》编辑部提出的纲领草案提
出了一些批评意见,并认为这个纲领草案比正式的草案好得多(参看恩
格斯 1891 年 9 月 28 日给卡·考茨基的信)。他支持倍倍尔将这个草案
交爱尔福特党代表大会讨论通过(参看恩格斯 1891 年 9 月 29 日—10
月 1 日给倍倍尔的信)。爱尔福特党代表大会(1891 年 10 月 14—21
日)最终一致通过将《新时代》编辑部提出的纲领草案作少许修改后作
为党的纲领。——24。

20　指第二次国际社会主义工人代表大会。这次代表大会于 1891 年 8 月
16—22 日在布鲁塞尔举行。出席代表大会的有来自欧洲许多国家和美
国的 337 名代表。就其组成来看,这基本上是一次马克思派的代表大
会。这次代表大会就劳工保护法、罢工和抵制、工人阶级对军国主义的
态度以及庆祝五一节等问题进行了讨论,并通过了相关决议。恩格斯
对这次代表大会作了评价,认为"马克思派不论是在原则问题上,还是
在策略问题上,都取得了全面的胜利"(见《马克思恩格斯全集》中文第
1 版第 38 卷第 144 页)。——24。

21　《新时代。精神生活和社会生活评论》(Die Neue Zeit.Revue des geistigen
und öffentlichen Lebens)是德国社会民主党的理论杂志;1883—1890 年
10 月在斯图加特出版,每月一期,以后至 1923 年秋每周一期;1883—
1917 年 10 月由卡·考茨基担任编辑,1917 年 10 月—1923 年秋由亨·
库诺担任编辑。从 19 世纪 90 年代初起,弗·梅林为该杂志撰稿;
1885—1894 年恩格斯在杂志上发表了许多文章,经常提出批评、告诫,
帮助杂志编辑部端正办刊方向。——28、32、46。

22 这是恩格斯与尼·丹尼尔逊通信时使用的化名。恩格斯借用的是他内侄女婿珀西·怀特·罗舍的名字。——31、41。

23 这封信的部分内容由弗·梅林征得恩格斯的同意(见本书第 42 页),第一次发表在梅林本人撰写的论文《论历史唯物主义》中。1893 年,这篇论文作为梅林《莱辛传奇》单行本(1893 年斯图加特第 1 版)的附录发表。——31。

24 弗·梅林当时正在撰写《论历史唯物主义》一文,他所提出的问题涉及唯物史观。卡·考茨基在 1892 年 9 月 24 日的信中,把梅林提的问题转给了恩格斯。——31。

25 弗·梅林曾在 1884 年 7 月 3 日和 1885 年 1 月 16 日致信恩格斯,请恩格斯为他撰写的马克思传记提供材料。——32。

26 指德国历史学家莫·拉韦涅—佩吉朗《社会科学纲要》第 1 部《发展和生产的规律》(1838 年柯尼斯堡版)。在该书第 225 页,作者探讨了经济形式对国家形式发展的影响。弗·梅林在其《莱辛传奇》单行本所附论文《论历史唯物主义》中,引用了恩格斯提到的段落。——32。

27 恩格斯在 1893 年 4 月 11 日给弗·梅林的信中要求在公开发表时把这段文字改为:"拉韦涅—佩吉朗的概括才会归结到它的真实内容:封建社会产生了封建的世界秩序。"(见本书第 42—43 页)——34。

28 俄国流亡社会主义者弗·雅·施穆伊洛夫在 1893 年 2 月 4 日给恩格斯的信中说,应彼得堡《名人传记丛书》出版者巴甫连柯夫的要求,他准备写一本篇幅为 6—8 个印张的详细的马克思传记。施穆伊洛夫请求恩格斯提供有关材料:1. 马克思的简历;2. 马克思的实际活动,特别是 1847—1849 年和国际工人协会时期;3. 马克思主义的起源。施穆伊洛夫还请求恩格斯给他寄去一本《神圣家族》,如不可能,则把主要内容告诉他,或者摘出书中要点寄给他。他写道,如果在俄国不能出版这部著作,那就拿到国外去印刷。但是施穆伊洛夫的愿望并未实现。——35。

29 布鲁塞尔协会,即布鲁塞尔德意志工人教育协会,该协会是马克思和恩格斯于 1847 年 8 月底在布鲁塞尔建立的德国工人团体,旨在对侨居比利时的德国工人进行政治教育并向他们宣传共产主义思想。在马克思和恩格斯及其战友的领导下,协会成了团结侨居比利时的德国革命无产者的合法中心,并同佛兰德和瓦隆工人俱乐部保持着直接的联系。协会中的优秀分子加入了共产主义者同盟的布鲁塞尔支部。协会在布鲁塞尔民主协会成立过程中发挥了出色的作用。1848 年法国资产阶级二月革命后不久,由于协会成员被比利时警察当局逮捕或驱逐出境,协会在布鲁塞尔的活动即告停止。——36。

30　指共产主义者同盟。共产主义者同盟是历史上第一个以科学社会主义为指导的无产阶级政党,1847 年在伦敦成立。共产主义者同盟的前身是 1836 年成立的正义者同盟,这是一个主要由德国工人和手工业者组成的德国政治流亡者秘密革命组织,后期也有其他国家的人参加。随着形势的发展,正义者同盟的领导成员逐步认识到必须使同盟摆脱旧的密谋传统和方式,并且确信马克思和恩格斯的理论是正确的,遂于1847 年邀请马克思和恩格斯参加正义者同盟,协助同盟改组。1847 年6 月,正义者同盟在伦敦召开代表大会,恩格斯出席了大会,按照他的倡议,同盟的名称改为共产主义者同盟,因此这次大会也是共产主义者同盟的第一次代表大会。大会批准了同盟的章程草案,并用"全世界无产者,联合起来!"的战斗口号取代了正义者同盟原来的"人人皆兄弟"的口号。同年 11 月 29 日—12 月 8 日,同盟召开第二次代表大会,马克思和恩格斯出席了大会。大会通过了同盟的章程,并委托马克思和恩格斯起草同盟的纲领,这就是 1848 年 2 月问世的《共产党宣言》。

1848 年 2 月法国爆发革命,在伦敦的同盟中央委员会于 1848 年 2 月底把同盟的领导权移交给了以马克思为首的布鲁塞尔区部委员会。3 月初,马克思被驱逐出布鲁塞尔并迁居巴黎。同盟在巴黎成立新的中央委员会,马克思当选为中央委员会主席,恩格斯当选为中央委员。

1848 年 3 月下半月至 4 月初,马克思、恩格斯和数百名德国工人(他们多半是共产主义者同盟盟员)回国参加已经爆发的德国革命。马克思和恩格斯在 3 月底写成的《共产党在德国的要求》,是无产阶级在资产阶级民主革命中的第一个行动纲领。同年 6 月,马克思和恩格斯创办了《新莱茵报》,该报成为 1848 年革命时期各国工人运动和民主运动的指导中心。

　　欧洲 1848—1849 年革命失败后,共产主义者同盟进行了改组并继续开展活动。1850 年夏,同盟中央委员会内部在斗争策略问题上发生严重分歧。以马克思和恩格斯为首的中央委员会多数派坚决反对维利希—沙佩尔集团提出的宗派主义、冒险主义的策略,反对该集团无视革命发展的客观规律和欧洲现实政治形势而提出的立即发动革命的主张。1850 年 9 月中,维利希—沙佩尔集团的分裂活动最终导致同盟与该集团决裂。1851 年 5 月,由于警察迫害和大批盟员被捕,共产主义者同盟在德国的活动实际上已陷于停顿。1852 年 11 月 17 日,科隆共产党人案件宣判后不久,同盟根据马克思的建议宣告解散。

　　共产主义者同盟在国际工人运动史上起了巨大的作用,它是培养无产阶级革命家的学校,很多共产主义者同盟盟员后来都积极参加了国际工人协会的活动。——36。

31　《柏林人民论坛》从 1892 年 8 月 6 日—12 月 24 日发表了系列文章《汝拉联合会和米哈伊尔·巴枯宁》。作者为瑞士社会主义者路·埃里蒂埃,他的名字在最后一篇文章中才出现。这组文章依据巴枯宁的材料捏造瑞士的国际工人协会的历史,企图为巴枯宁派,尤其是巴枯宁派的汝拉联合会的分裂活动辩护。这组文章还对总委员会,对马克思和他的战友约·菲·贝克尔等人进行诽谤。1892 年 11 月 12 日发表的第 10 篇文章尤其糟糕,里面有很多歪曲事实的地方。

　　恩格斯决定不等所有文章登完就予以反驳。他于 1892 年 11 月 15 日写了一份致《柏林人民论坛》编辑部的声明寄给奥·倍倍尔,请他转交该报编辑部。声明发表在 1892 年 11 月 19 日《柏林人民论坛》(见《马克思恩格斯全集》中文第 2 版第 29 卷)上。

　　1892 年 12 月 24 日,该报在最后一篇即第 13 篇后面还刊登了埃里蒂埃的答复。埃里蒂埃在答复中,以及在 1892 年 12 月 25 日给恩格斯的信中,企图反驳对他歪曲国际工人协会的历史所作的谴责。1893 年 1 月 20 日,恩格斯给埃里蒂埃写了一封回信(见《马克思恩格斯全集》中文第 1 版第 39 卷)。——36。

32　为了加快《资本论》第二卷俄文版的出版,恩格斯曾在 1885 年把该书德文版的清样寄给尼·丹尼尔逊。《资本论》第二卷俄文版也在同一年出版。——39。

33 农村公社(община)是俄国农民共同使用土地的形式,其特点是在实行强制性的统一轮作的前提下,将耕地分给农户使用,森林、牧场则共同使用,不得分割。公社内实行连环保制度。公社的土地定期重分,农民无权放弃土地和买卖土地。公社管理机构由选举产生。俄国的公社在远古时代即已存在,在历史发展过程中逐渐成为俄国封建制度的基础。俄国自 1861 年改革以后,随着资本主义生产关系的发展和资本主义向俄国农业的渗透,公社制度逐渐解体。——39、52。

34 恩格斯在这里所说的"我们的作者"是指马克思,"那封信"是指马克思《给〈祖国纪事〉杂志编辑部的信》(见《马克思恩格斯文集》第 3 卷)。这封信是马克思于 1877 年底读到该杂志第 10 期登载的俄国民粹主义思想家尼·康·米海洛夫斯基《卡尔·马克思在尤·茹柯夫斯基先生的法庭上》一文后写的。米海洛夫斯基的文章对《资本论》作了错误的解释。马克思这封信没有寄出,是他逝世以后恩格斯从他的文件中发现的。恩格斯认为,当时马克思"写了这篇答辩文章,看来是准备在俄国发表的,但是没有把它寄到彼得堡去,因为他担心,光是他的名字就会使刊登他的这篇答辩文章的刊物的存在遭到危险。"(见《马克思恩格斯全集》中文第 1 版第 36 卷第 123 页)恩格斯将这封信抄写了几个副本,并把其中一个副本附在 1884 年 3 月 6 日的信中寄给了在日内瓦的劳动解放社成员维·伊·查苏利奇。马克思这封信曾在日内瓦 1886 年《民意导报》杂志第 5 期上发表。后来又由尼·丹尼尔逊译成俄文于 1888 年 10 月在俄国的合法刊物《司法通报》杂志上发表。——39。

35 这是马克思和恩格斯 1882 年 1 月 21 日为《共产党宣言》俄文版第 2 版写的序言中的一段话(见《马克思恩格斯文集》第 2 卷第 8 页)。恩格斯在这里引用的是格·普列汉诺夫翻译的版本,俄文译文与德文原文略有差别。——40。

36 恩格斯曾计划修改《德国农民战争》(见《马克思恩格斯文集》第 2 卷),增加有关德国史的大量材料,但由于要整理和编辑《资本论》第二、三卷及撰写其他文章,他的这个计划未能实现。不过,他为这个新版准备的片断和提纲保存了下来(见《马克思恩格斯全集》中文第 2 版第 28 卷第 227—239 页)。——47。

37 勃艮第公国是9世纪在法国东部塞纳河和卢瓦尔河的上游地区建立的,后来兼并了大片领土(弗朗什孔泰,法国北部一部分和尼德兰),在14—15世纪成了独立的封建国家,15世纪下半叶在勃艮第公爵大胆查理时代达到鼎盛。勃艮第公国力图扩张自己的属地,成了建立中央集权的法兰西君主国的障碍;勃艮第的封建贵族和法国封建主结成联盟,共同对抗法国国王路易十一的中央集权政策,并对瑞士和洛林发动了侵略战争。路易十一建立了瑞士人和洛林人的联盟来对付勃艮第。在反对联盟的战争(1474—1477年)中大胆查理的军队被击溃,他本人在南锡附近的会战(1477年)中被瑞士、洛林联军击毙;勃艮第公国本土遂为法国所并,尼德兰部分则转归哈布斯堡王朝。——48。

38 神圣罗马帝国(962—1806年)是欧洲封建帝国。公元962年,德意志国王奥托一世在罗马由教皇加冕,成为帝国的最高统治者。1034年帝国正式称为罗马帝国。1157年称神圣帝国,1254年称神圣罗马帝国。到了1474年,神圣罗马帝国被称为德意志民族神圣罗马帝国。帝国在不同时期包括德意志、意大利北部和中部、法国东部、捷克、奥地利、匈牙利、荷兰和瑞士,是由具有不同政治制度、法律和传统的封建王国和公国以及教会领地和自由城市组成的松散的联盟。1806年,对法战争失败后,弗兰茨二世被迫放弃神圣罗马帝国皇帝的称号,这一帝国便不复存在了。——48。

39 1893年8月1日—9月29日,恩格斯到德国、瑞士和奥匈帝国做了一次旅行。恩格斯访问了科隆,然后同奥·倍倍尔一起经美因茨和斯特拉斯堡赴苏黎世;从苏黎世去格劳宾登州,在那里同弟弟海尔曼待了几天。8月12日,恩格斯返回苏黎世,参加了在苏黎世举行的国际社会主义工人代表大会的最后一次会议,在会上用英文、法文和德文发表了简短的演说(见《马克思恩格斯全集》中文第2版第29卷)。恩格斯在瑞士逗留了两个星期后,取道慕尼黑和萨尔茨堡赴维也纳,9月14日在那里出席了社会民主党人大会并发表演说(见《马克思恩格斯全集》中文第2版第29卷)。接着恩格斯又从维也纳经布拉格和卡尔斯巴德(卡罗维发利)到柏林,在那里从9月16日逗留到28日,在此期间于9月22日出席了社会民主党人大会并发表了演说(见《马克思恩格斯全集》中文第2版第29卷)。最后,恩格斯经鹿特丹返回伦敦。——50。

40　《社会政治中央导报》（Sozialpolitisches Centralblatt）是德国社会民主党的周报，1892—1895年由亨·布劳恩在柏林出版；1895年同《社会实践报》（Blätter für soziale Praxis）合并后改名为《社会实践》（Soziale Praxis）。——50、68。

41　克里木战争是1853—1856年俄国对英国、法国、土耳其和撒丁的联盟进行的战争。这场战争是由于这些国家在近东的经济和政治利益发生冲突而引起的，故又称东方战争。克里木战争中俄国的惨败重挫了沙皇俄国独占黑海海峡和巴尔干半岛的野心，同时加剧了俄国国内封建制度的危机。这场战争以签订巴黎和约而告结束。——51。

42　指斐·滕尼斯的以下两篇文章：（1）《在黑格尔、马克思和孔德著作中的新历史哲学》，载于1894年《哲学史文库》第7卷第4分册，这篇文章评论了保·巴尔特的《黑格尔和包括马克思及哈特曼在内的黑格尔派的历史哲学》（1890年莱比锡版）；（2）《社会教育家裴斯泰洛齐》，载于1894年12月3日《社会政治中央导报》第10期。——58。

43　指托·赫胥黎于1868年11月8日在爱丁堡所做的演讲《论生命的物质基础》，这篇演讲发表于1869年2月1日《双周评论》杂志第5卷第26期。——60。

44　斐·滕尼斯在《在黑格尔、马克思和孔德著作中的新历史哲学》这篇文章中说："英国一些著名的孔德主义者都是'国际'的奠基人，它的总书记是卡·马克思。"——60。

45　孔德派或实证论派，是因其创始人奥·孔德而得名的资产阶级哲学派别。实证论派反对任何革命行动，否认无产阶级和资产阶级阶级利益的不可调和性。他们的理想是阶级合作。实证论派力图"科学地"证明资本主义是最好的社会组织。——60。

46　指爱·比斯利为巴黎公社写的一些文章（载于1871年3—6月《蜂房报》），以及弗·哈里逊的许多演说和他载于1872年2月26日《泰晤士报》的一封信。——60。

47　圣西门在《实业家问答》中把这个观点说得很清楚，他认为除了工人以

外,工厂主和商人也都是生产者,即所谓实业家。这部著作的第 1 版于
1823—1824 年在巴黎出版,共 3 册。——60。

48 《文库》即《社会立法和统计学文库》(Archiv für soziale Gesetzgebung und
Statistik),是德国一家进步的政治经济杂志,1888—1903 年在蒂宾根和
柏林以季刊的形式出版,出版者是亨·布劳恩。——61。

49 1895 年 5 月,恩格斯写了《〈资本论〉第三册增补》:《价值规律和利润
率》和《交易所》(见《马克思恩格斯文集》第 7 卷第 1003—1030 页)。
——63。

50 西法兰克王国是在查理大帝帝国瓦解后建立的,该帝国是一个暂时的
不巩固的军事行政联盟。843 年,帝国由查理的三个孙子瓜分。其中秃
头查理得到了帝国的西部领土,包括现在法国的大部分,建立了西法兰
克王国。莱茵河以东的土地(未来德国的核心)交给了德意志的路易。
从北海到中意大利之间的狭长地带则归查理大帝的长孙洛塔尔掌管。
——67。

51 耶路撒冷法典是 1099 年第一次十字军征讨后在巴勒斯坦和叙利亚建
立的耶路撒冷王国的法律文献汇编;该法典于 12 世纪下半叶完成。
——67。

52 安·拉布里奥拉校订了帕·马尔提涅蒂翻译成意大利文的《资本论》第
三卷序言。他把在意大利围绕阿·洛里亚对马克思的批评所出现的情
况告诉了恩格斯。恩格斯在 1895 年 2 月 26 日给保·拉法格的信中说:
"拉布里奥拉很高兴校订所有论述洛里亚的地方"(见《马克思恩格斯
全集》中文第 1 版第 39 卷第 391—392 页)。——68。

53 《社会评论》(Critica Sociale)是意大利的一家双周杂志,是社会党的理
论刊物;1891—1924 年用这个名称在米兰出版;杂志的编辑是菲·屠拉
梯;在 19 世纪 90 年代,该杂志发表过马克思和恩格斯的著作,在意大利
传播马克思主义方面起了显著的作用。——68。

54 指保·拉法格发表的两篇文章:《略驳对马克思的价值理论的批评》和
《拉法格的回答》,刊登在 1894 年 10 月 16 日和 11 月 16 日《社会评论》

第 20 和 22 期。这两篇文章是对某些意大利经济学家的反驳,这些经济学家支持阿·洛甲亚在《卡尔·马克思的遗著》一文(发表在 1895 年 2 月 1 日《科学、文学和艺术最新集萃》第 55 卷第 3 期)中提出的关于马克思《资本论》第三卷的观点。——68。

55　《〈社会主义从空想到科学的发展〉1892 年英文版导言》是恩格斯的一篇有丰富理论内容的重要文章。恩格斯在这篇导言中介绍了写作《反杜林论》的背景以及由《反杜林论》的三章改编成的《社会主义从空想到科学的发展》一书的出版流传情况,指出它是传播最广泛的社会主义著作。他着重论述了唯物主义和宗教、唯物史观和唯心史观之间斗争的社会背景和阶级实质,揭露了不可知论妄图调和唯物主义和唯心主义的本质,用自然科学的成就论证了世界的可知性,阐明了认识来源于实践并受实践检验这一马克思主义认识论的基本原理。恩格斯用"历史唯物主义"这个名词表述唯物史观,指出:"这种观点认为,一切重要历史事件的终极原因和伟大动力是社会的经济发展,是生产方式和交换方式的改变,是由此产生的社会之划分为不同的阶级,是这些阶级彼此之间的斗争。"(见本书第 84 页)他用历史唯物主义的观点阐述了欧洲资产阶级由革命走向反动的历史以及无产阶级反对资产阶级的革命斗争,揭露资产阶级妄图利用宗教来阻挡日益高涨的无产阶级革命洪流,指出"任何宗教教义都难以支撑一个摇摇欲坠的社会"(见本书第 98 页)。恩格斯还强调:"欧洲工人阶级的胜利不是仅仅取决于英国。至少需要英法德三国的共同努力,才能保证胜利。"(见本书第 99 页)

这篇导言写于 1892 年 4 月 4—20 日,载于 1892 年在伦敦出版的《社会主义从空想到科学的发展》英文版(译者是爱·艾威林,书名是《空想社会主义和科学社会主义》),其主体部分曾被译为波兰文,载于 1892 年在伦敦出版的《社会主义从空想到科学的发展》波兰文版。

1892 年 6 月,恩格斯把这篇导言译成德文,并于 7 月寄给《新时代》杂志,发表在该杂志 1892—1893 年第 11 卷第 1 册第 1 期和第 2 期,标题是《论历史唯物主义》。导言的德文版除删去英文版开头的七段文字外,恩格斯在翻译过程中还作了少量修改。德文版与英文版的重要差别在脚注中说明。

这个德文版还被全文译成意大利文和罗马尼亚文,分别刊载在

1892 年《社会评论》杂志(米兰)第 21—23 期和 1892 年《社会评论》杂志(雅西)第 1 年卷第 8 期;1892—1893 年巴黎的《社会主义者报》第 115、116、118、119、120 号发表了德文版第 2 部分的法译文;1892 年《社会民主党人》杂志(塞夫利耶沃)第 3 期发表了从德文版第 2 段开始的保加利亚文译文。——73。

56 指 1875 年 5 月 22—27 日在德国哥达召开的代表大会,会上当时德国工人运动中存在的两个派别,即由威·李卜克内西和奥·倍倍尔于 1869 年在爱森纳赫建立,并由他们领导的社会民主工党(爱森纳赫派)和由威·哈森克莱维尔、威·哈赛尔曼和卡·特耳克领导的全德工人联合会(拉萨尔派)实现了合并,合并后的党命名为德国社会主义工人党。——73。

57 指欧·杜林的以下三部著作:《哲学教程——严格科学的世界观和生命形成》1875 年莱比锡版;《国民经济学和社会经济学教程,兼论财政政策的基本问题》1876 年莱比锡第 2 版(该书第 1 版于 1873 年在柏林出版);《国民经济学和社会主义批判史》1875 年柏林第 2 版(该书第 1 版于 1871 年在柏林出版)。——74。

58 复本位制是金银两种金属同时起货币作用的币制。——74。

59 《前进报。德国社会民主党中央机关报》(Vorwärts.Central-Organ der Socialdemokratie Deutschlands)1876 年 10 月 1 日—1878 年 10 月 26 日在莱比锡出版,每周出三次,同时出版学术附刊和附刊;编辑是威·哈森克莱维尔和威·李卜克内西;马克思和恩格斯经常帮助报纸编辑部;1877—1878 年报纸以及它的学术附刊和附刊刊登了恩格斯的著作《反杜林论》;反社会党人法(见注 8)颁布以后报纸被迫停刊;它的续刊为反社会党人法期间在国外出版的《社会民主党人报》(Der Sozialdemokrat)。——74。

60 扎德鲁加(Zádruga)是古代南方斯拉夫人、凯尔特人的家长制家庭公社,这种公社包括几个或十几个在血缘、经济、土地上有联系的家庭,大家共同生产,共同消费。19 世纪后半期扎德鲁加逐渐解体。——75。

61　《资本论》第一卷的第一个英译本是由赛·穆尔和爱·艾威林翻译,由恩格斯校订的,于1887年出版。——75。

62　唯名论者是中世纪哲学的一个派别。该派认为,一般的类概念只是名字,即人的思维和语言的产物,只能用来表明现存的单个事物。同中世纪的实在论者相反,唯名论者认为概念不是产生事物的原型,不是创造事物的源泉。因此,他们承认事物的第一性和概念的第二性。在这个意义上,唯名论是中世纪唯物主义的最初表现。——76。

63　按照古希腊哲学家阿那克萨哥拉的学说的观点,种子是可以无限分割的、具有质的规定性的极小的物质粒子;种子是万物的本源,它们的结合构成各种不同的物体。——77。

64　参看《神圣家族》一书第六章《绝对的批判的批判或布鲁诺先生所体现的批判的批判》第三节《绝对批判的第三次征讨》中的《对法国唯物主义的批判的战斗》(《马克思恩格斯文集》第1卷第330—332页)。恩格斯将引文从德文译成英文时做了不少修改。——79。

65　"自由思想者"一词最初在17世纪末用来指英国的自然神论者,到18世纪也指那些在宗教信仰问题上拒绝服从任何权威的思想家。——79。

66　欧文派的社会主义者指欧文主义即英国空想社会主义者罗·欧文的理论和实践的拥护者。欧文认为,资本主义制度是各种社会弊端的根源,只有实现社会主义才能克服社会的一切罪恶。1824年,他前往美国试办共产主义的"新协和村",实行生产资料公有和集体劳动,最后破产失败。1829年返回英国后,他先在伦敦建立全国公平劳动交换商场,试图以此避免中间剥削,后又发起建立全国产业大联合,并在一些地方再次试验共产主义移民区等,但最后全部宣告失败。晚年他继续进行共产主义宣传和实验,并致力于工会运动。他在《致拉纳克郡报告》(1820年)、《新道德世界书》(1836—1844年)等著作中阐述了消灭私有制,建立财产公有、权利平等和共同劳动的理想社会的空想社会主义观点,但是他反对工人进行政治斗争,认为靠知识传播可消除社会弊病、克服社会矛盾,把希望寄托在仁慈的统治者身上。欧文是19世纪初最有影响的空想社会主义者之一,他的学说是马克思、恩格斯创立科学社会主义的理论来源之一。恩格斯在《反杜林论》中写道:"当时英国的有利于工人的一切社会运动、一切实际进步,都是和欧文的名字联在一起的"(见《马克思恩格斯全集》中文第 2 版第 26 卷第 280 页)。——79。

67 浸礼会是基督教新教主要宗教之一。17 世纪初期产生于英国及流亡荷兰的清教徒中,原属清教徒分离派。该派强调洗礼时受洗者必须全身浸入水中(浸礼),坚持教徒成年后才可受洗,反对给婴儿施洗;认为每个基督徒都是圣徒,主张各教堂独立自主,重视传教活动。——80。

68 救世军是基督教新教的一个社会活动组织,1865 年由传教士威·蒲斯在伦敦创立。1878 年该组织模仿军队编制,教徒称"军兵",教士称"军官";1880 年正式定名为"救世军"。该组织着重在下层群众中开展慈善活动,并吸收教徒。在资产阶级的大力支持下,该组织开展广泛的宗教活动,并建立了一整套慈善机构。——80、97。

69 "德国制造"是 1887 年英国出于贸易保护的动机要求从德国进口的商品必须提供的产地标识,该标识最初对德国产品有歧视意味。——80。

70 指 1522—1523 年的德国贵族起义和 1524—1525 年的德国农民战争。恩格斯在《德国农民战争》(见《马克思恩格斯文集》第 2 卷)中对这两次战争作了阐述。——86。

71 16 世纪欧洲宗教改革运动时期,著名宗教改革活动家让·加尔文创立了加尔文教,这是基督教新教流派之一。该教派的教义是"绝对先定"和人的祸福神定的学说。根据这种学说,一部分人是由上帝先定为可以得救的(选民),另一部分人则是永定为受惩罚的(弃民)。加尔文教严格奉行的宗教信条完全符合当时资产阶级的要求。——86。

72 蔷薇战争亦称玫瑰战争,是 1455—1485 年在英国约克家族和兰开斯特家族之间为争夺王位而进行的战争。约克家族的族徽上饰有白色蔷薇,兰开斯特家族的族徽上则饰有红色蔷薇。站在约克家族一方的有经济比较发达的南部的一部分大封建主,以及骑士和市民阶层;支持兰开斯特家族的则是北部诸郡的封建贵族。这场家族之间自相残杀的战争几乎使古老的封建家族消灭殆尽,其后英国建立了新的都铎王朝,并实行专制政体。——88。

73　强壮而心怀恶意的小伙子是托·霍布斯的用语,见他所著《论公民》一书序言,该书于 1642 年在巴黎写成,1647 年在阿姆斯特丹刊印,最初流传的是手抄本。——89。

74　笛卡儿派指 17—18 世纪笛卡儿哲学的继承者。笛卡儿在形而上学方面有唯心主义倾向,在物理学方面是唯物主义者,因此,其追随者分裂为两个对立的学派。一派发展了笛卡儿物理学机械论自然观,成为唯物主义者;另一派则发展了笛卡儿形而上学中关于上帝与灵魂的学说,成为彻底的唯心主义者。——90。

75　指 1789 年 8 月 26 日法国制宪议会通过的《人权和公民权宣言》,其中阐明了新的资产阶级制度的政治原则,宣布拥有自由和财产等是每个人天赋的、不可剥夺的权利。1791 年的法国宪法包括了这篇宣言。1793 年的雅各宾派《人权和公民权宣言》就是根据 1789 年这篇宣言起草的;1793 年的宣言被作为导言放在 1793 年国民公会通过的法国第一部共和国宪法之前。——90。

76　指英国小资产阶级激进阶层和资产阶级知识分子对 18 世纪末法国资产阶级革命所采取的同情态度。这些人是联合在伦敦革命协会,主要是联合在伦敦和英国其他各大城市通讯协会中的法国革命的拥护者(在协会的组织者和参加者中有工人阶级的代表),他们曾宣传革命思想,提出实现普选权和其他民主改革的要求。各通讯协会都曾遭到英国寡头政治执政者的迫害。——91。

77　恐怖时代指雅各宾派的革命民主专政时期(1793 年 6 月—1794 年 7 月),当时雅各宾派为了对付吉伦特派和保皇派的反革命恐怖实行了革命恐怖。——91。

78　选举法改革法案于 1831 年由英国下院通过,1832 年 6 月由上院最后批准。这次改革削弱了土地贵族和金融贵族的政治垄断,加强了工业资产阶级在议会中的地位。但是,由于财产资格的限制,为争取选举制度改革而斗争的主力军工人和手工业者仍未获得选举权。——92。

79 废除谷物法的法案是在 1846 年 6 月通过的。谷物法是英国从 1815 年
起实施的对谷物征收高额进口税的法令,旨在限制或禁止从国外输入
谷物,从而维护土地贵族的利益。谷物法规定,当英国本国的谷物价格
低于每夸特 80 先令时,禁止输入谷物。1822 年对这项法律作了某些修
改,1828 年实行滑动比率制:国内市场谷物价格下跌时谷物进口税就提
高,谷物价格上涨时谷物进口税就降低。谷物法的实行严重影响了贫
民阶层的生活,同时也不利于工业资产阶级,因为它导致劳动力涨价,
妨碍国内贸易的发展,因此英国工业资产阶级从一开始就反对谷物法。
曼彻斯特工厂主理·科布顿和约·布莱特于 1838 年创立了反谷物法
同盟,从而开始了有组织的斗争。英国议会于 1846 年 6 月 26 日通过了
《关于修改进口谷物法的法令》和《关于调整某些关税的法令》,废除了
谷物法。法令的实施以及由此引起的谷物价格的下跌,虽然使生活费
用有所减低,但归根结底还是降低了工人的工资,增加了资产阶级的利
润。谷物法的废除沉重地打击了土地贵族,促进了英国资本主义进一
步发展。——92。

80 1824 年在群众性的工人运动的压力下,英国议会被迫通过一项法令,废
除了禁止工人结社的有关法律。1825 年,议会通过了结社法(亦称工人
联合法),这项法律重申废除禁止工会的决定,但是却对工会的活动严
加限制,即便仅仅为工人结社和参加罢工进行鼓动都被视为"强制"和
"暴力"行为而以刑事罪论处。——93。

81 人民宪章是英国宪章运动的纲领性文件,1837 年由下院六名议员和六
名伦敦工人协会会员组成的一个委员会提出,并于 1838 年 5 月 8 日作
为准备提交议会的一项草案在各地群众大会上公布。人民宪章包括宪
章派的下列六项要求:普选权(年满 21 岁的男子)、议会每年改选一次、
秘密投票、各选区一律平等、取消议会议员候选人的财产资格限制,以
及发给议员薪金。1839、1842 和 1849 年,议会三次否决了宪章派递交
的要求通过人民宪章的请愿书。——93。

82 反谷物法同盟是英国工业资产阶级的组织,由曼彻斯特的两个纺织厂

主理·科布顿和约·布莱特于 1838 年创立。同盟要求贸易完全自由，废除谷物法，其目的是为了降低国内谷物价格，从而降低工人工资，削弱土地贵族的经济和政治地位。同盟在反对大土地占有者的斗争中曾经企图利用工人群众，宣称工人和工厂主的利益是一致的。但是，就在这个时候，英国的先进工人展开了独立的、政治性的宪章运动。1846 年谷物法废除（见注 79）以后，反谷物法同盟宣布解散。实际上，同盟的一些分支机构一直存在到 1849 年。——93。

83 乔纳森大哥即乔·特朗布尔，是美国神学家、传教士、商人和政治家，在英属北美殖民地独立战争（1775—1783 年）期间是乔治·华盛顿的朋友和参谋，被华盛顿称为"乔纳森大哥"，并成为爱国的美国人的象征。这个称谓在美国建国初期是美国人或美国资产阶级的代名词，后来逐步被"山姆大叔"所取代。——93。

84 奋兴派亦称教会复兴派，是英美等国新教教会中的一个流派。19 世纪产生于美国清教徒移民中，不久又传到英国。该派的信徒力图通过宗教说教和组织新的信仰者团体来巩固并扩大基督教的影响。奋兴派有时也泛指各种谋求恢复教会旧日威势的派别。——93。

85 1851 年 12 月 2 日法兰西第二共和国总统路易·波拿巴发动政变，解散议会；1852 年 1 月 14 日颁布新宪法，把一切权力集中在总统手中。1852 年 12 月 2 日波拿巴恢复帝制，称拿破仑第三，建立第二帝国。第二帝国又称十二月帝国。——94。

86 1832 年英国议会改革后，英国在 19 世纪 50 年代末和 60 年代上半叶形成了两个政党：自由党和保守党。自由党由代表工商业资产阶级的新辉格党人、自由学派和皮尔分子即左翼托利党人组成，它在成立后取代了辉格党在英国两党制中的位置。——94。

87 指 1867 年德比—迪斯累里的保守党政府实行的议会改革。1867 年，英国在群众性工人运动的压力下实行了第二次议会改革。国际工人协会总委员会积极参加了争取改革的运动。这次改革进一步降低了选举权的财产资格限制，使英国选民数目增加了一倍多，一部分熟练工人也获得了选举权。——95。

88 宪章运动是 19 世纪 30—50 年代中期英国工人的政治运动,其口号是争取实施人民宪章(见注 81)。人民宪章要求实行普选权并为保障工人享有此项权利而创造种种条件。宪章派的领导机构是全国宪章协会,机关报是《北极星报》,左翼代表人物是乔·朱·哈尼、厄·琼斯等。宪章运动在 1839、1842 和 1848 年出现三次高潮,宪章运动领导人试图通过向下院提交全国请愿书的方式迫使政府接受人民宪章,但均遭到失败。19 世纪 50 年代末,全国宪章协会停止活动,宪章运动即告结束。恩格斯称宪章派是"近代第一个工人政党"(见《马克思恩格斯全集》中文第 2 版第 29 卷第 379 页)。列宁指出,宪章运动是"世界上第一次广泛的、真正群众性的、政治上已经成型的无产阶级革命运动"(见《列宁全集》中文第 2 版增订版第 36 卷第 292 页)。——96。

89 辉格党是英国的政党,于 17 世纪 70 年代末 80 年代初形成。1679 年,就詹姆斯公爵(后来的詹姆斯二世)是否有权继承王位的问题,议会展开了激烈的争论。反对詹姆斯拥有王位继承权的一批议员被敌对的托利党人(见注 90)讥称为辉格。辉格(Whig)为苏格兰语,原意为盗马贼。辉格党代表工商业资产阶级以及新兴的资本主义农场主的利益,曾与托利党轮流执政;19 世纪中叶,辉格党内土地贵族的代表和保守党的皮尔派以及自由贸易派一起组成自由党,从此自由党在英国两党制中取代了辉格党的位置。——96。

90 托利党是英国的政党,于 17 世纪 70 年代末 80 年代初形成。1679 年,就詹姆斯公爵(后来的詹姆斯二世)是否有权继承王位的问题,议会展开了激烈的争论。拥护詹姆斯继承王位的议员,被敌对的辉格党人(见注 89)讥称为托利。托利(Tory)为爱尔兰语,原意为天主教歹徒。托利党坚持反动的对内政策,维护国家制度中保守和腐朽的体制,反对国内的民主改革,曾与辉格党轮流执政。随着英国资本主义的发展,托利党逐渐失去了先前的政治影响和在议会中的垄断权。1832 年议会改革使资产阶级代表人物进入议会。1846 年废除谷物法(见注 79),削弱了英国旧土地贵族的经济基础并造成了托利党的分裂。19 世纪 50 年代末 60 年代初,在老托利党的基础上成立了英国保守党。——96。

91 秘密投票于 1872 年实行。

　　1884年,英国在农村地区群众运动的压力下实行了第三次议会改革。经过这次改革,1867年为城市居民规定的享有投票权的条件,也同样适用于农村地区。第三次选举改革以后,英国相当大一部分居民——农村无产阶级、城市贫民以及妇女,仍然没有选举权。——96。

92 讲坛社会主义是19世纪70—90年代一个资产阶级思想流派。该派的代表人物主要是德国的大学教授,包括阿·瓦格纳、古·施穆勒、路·布伦坦诺、卡·毕歇尔、韦·桑巴特等人,他们在大学的讲坛上打着社会主义的幌子宣扬资产阶级改良主义。他们认为国家是超阶级的组织,鼓吹资产阶级和无产阶级之间的阶级和平,主张不触动资本家的利益,逐步实行"社会主义"。因此,讲坛社会主义的纲领仅局限于提出一些社会改良措施,如设立工人疾病和伤亡事故保险等,其目的在于削弱阶级斗争,消除革命以及社会民主党人的影响,使工人同反动的普鲁士国家和解。马克思和恩格斯对讲坛社会主义进行了坚持不懈的斗争,揭露了它反动和反科学的性质。——97。

93 崇礼派是产生于19世纪30年代的英国国教会中倾向于罗马天主教的一个流派,因其创始人之一是牛津大学神学家皮由兹,故更流行的名称为皮由兹教派。该派的信徒号召在英国国教中恢复天主教的仪式(崇礼派即因此而得名)和天主教的某些教义。当时的英国贵族为了保持自己在国内的地位,竭力抵制大部分属于各新教教派的工业资产阶级的影响,因此,该教派的产生实际上是英国贵族反对工业资产阶级的斗争在宗教上的反映。——97。

94 在天主教的传统中星期五应该素食,因为据说耶稣是在星期五死去的。——98。

95 这是1876年8月19日德皇威廉一世在普鲁士楚黎绍(今波兰苏莱胡夫)火车站对前来送别的新教教士们说的话,后来成为名言。——98。

96 1890年9月27日,路·布伦坦诺在德国社会政策协会的全体大会上报告了他在利物浦工联年度代表大会(1890年9月1—6日)的见闻。相当数量的新工联代表首次参加了这次工联代表大会。布伦坦诺承认,新工联在这次大会上占了上风。——99。

97　伦敦东头当时是工人和贫民较为集中的区域。——99。

98　《给〈萨克森工人报〉编辑部的答复》是恩格斯论述如何对待马克思主义以及无产阶级政党的领导人应当怎样提高自身素养的文章。恩格斯在这篇文章中从理论和实践两个方面批判了德国社会民主党内"青年派"（见注9）的错误，指出他们在理论上宣扬的是被歪曲得面目全非的"马克思主义"，在实践上奉行的是完全不顾党的实际斗争条件的冒险主义；强调应当正确理解马克思主义世界观，把握在每一特定时刻起决定作用的历史事实。恩格斯还提出了在无产阶级政党内担任领导职务的人应当具备的条件："在我们党内，每个人都应该从普通一兵做起；要在党内担任负责的职务，仅仅有写作才能或理论知识，甚至二者全都具备，都是不够的，要担任领导职务还需要熟悉党的斗争条件，掌握这种斗争的方式，具备久经考验的耿耿忠心和坚强性格，最后还必须自愿地把自己列入战士的行列中——一句话，他们这些受过'学院式教育'的人，总的说来，应该向工人学习的地方，比工人应该向他们学习的地方要多得多。"（见本书第103页）

　　这篇文章写于1890年9月7日，以《致〈社会民主党人报〉编辑部》为标题发表在1890年9月13日《社会民主党人报》（伦敦）第37号；1890年9月14日《柏林人民报》第214号附刊转载了这篇文章；《萨克森工人报》编辑部将这篇文章以《关于〈萨克森工人报〉》为标题发表在该报1890年9月17日第112号；1890年9月19日维也纳《工人报》第38号、1890年9月23日《纽约人民报》第228号和1890年9月25日布吕恩（捷克）的《人民之友报》第18号转载了这篇文章。此外，1890年9月17日哥本哈根的《社会民主党人报》第220号发表了这篇文章的丹麦文译文。

　　《萨克森工人报》（Sächsische Arbeiter-Zeitung）是德国社会民主党的日报，90年代初是半无政府主义反对派"青年派"的机关报，1890—1908年在德累斯顿出版。——101。

99　《社会民主党人报。德语区社会民主党的机关报》（Der Sozialdemokrat, Organ der Sozialdemokratie deutscher Zunge）是反社会党人法时期德国社会民主党在国外出版的德文周报，1879年9月—1888年9月在苏黎世出版，1888年10月—1890年9月27日在伦敦出版；1879—1880年编辑是格·福尔马尔,1881—1890年编辑是爱·伯恩施坦;马克思、恩格斯、奥·倍倍尔和威·李卜克内西为之撰稿,在他们的影响下报纸成为国际工人运动最主要的革命报纸,为德国社会民主党战胜反社会党人法作出了重大贡献。——101。

100　这里借用了圣经中的一句谚语:滤出蚊虫,吞下骆驼(见《新约全书·马太福音》第23章第24节)。意思是,注意细枝末节,忽视了主要的东西。——103。

101　《答保尔·恩斯特先生》是恩格斯写的一篇批判"青年派"(见注9)错误观点的文章。"青年派"代表人物保·恩斯特发表一系列文章,歪曲马克思的唯物主义历史观,并声称恩格斯和他们持有相同的观点,恩格斯不得不写了这篇文章予以严厉驳斥。恩格斯以恩斯特把关于德国小市民阶层的看法硬套到挪威小市民身上而得出的荒谬结论为例,指出:"如果不把唯物主义方法当做研究历史的指南,而把它当做现成的公式,按照它来剪裁各种历史事实,那它就会转变为自己的对立物。"(见本书第5页和105页)恩格斯还指出,"青年派"对政治经济形势不能作出准确判断,如果任由他们"把自己的成员安插到党报编辑的位置上并通过党的报刊来指挥党,那它就会更加危险"(见本书第110页)。

　　本文写于1890年10月1日,发表在1890年10月5日《柏林人民报》第232号。——104。

102　《人民呼声报》(Volksstimme)是德国社会民主党的日报,1890—1933年在马格德堡出版。1890年的该报现在已经无法找到。——104。

103　《自由论坛》即《现代生活自由论坛》(Freie Bühne für modernes Lebens)是德国的一家文学杂志,1890—1893年用这个名称在柏林出版,起初是周刊,1892年起为月刊。——105。

104　尤·布雷默在《人民呼声报》(马格德堡)上发表《理屈词穷》一文来反驳保·恩斯特。爱·伯恩施坦在1890年9月22日给卡·考茨基的信中提到这篇"几天前"在《人民呼声报》上发表的文章。——109。

105　恩格斯在这里套用了"活泼快乐的战争"这一用语。这个用语是德国历史学家亨·利奥在《历史月报。六月》(载于 1853 年 7 月 30 日奎德林堡《城乡人民小报》第 61 号)一文中最早使用的。——110。

人 名 索 引

A

阿克莱,理查(Arkwright,Sir Richard 1732—1792)——英国企业家,各种纺织机械的设计者和制造者。——92。

阿那克萨哥拉(克拉左门的)(Anaxagoras of Klazomenae 公元前 500 前后—428)——古希腊唯物主义哲学家。——77。

埃卡尔特(Eckarte)——德国中世纪传说中的人物,是忠实的人和可靠卫士的典型形象。在关于游吟诗人汤豪塞的传说中,他守在维纳斯的身旁,警告一切想要接近的人说,维纳斯的魔力是很危险的。——110。

埃里蒂埃,路易(Héritier,Louis 1863—1898)——瑞士社会主义者,写有革命运动和社会主义运动史方面的著作。——36。

艾希霍夫,卡尔·威廉(Eichhoff,Karl Wilhelm 1833—1895)——德国政论家和新闻工作者,50 年代末因在报刊上揭露威·施梯伯的密探活动而受到法庭审讯;1861—1866 年流亡伦敦,1867 年起为国际会员,第一批第一国际史学家之一;国际柏林支部的组织者,总委员会驻柏林通讯员,1869 年起为德国社会民主工党党员;曾与马克思和恩格斯有联系。——36。

爱德——见伯恩施坦,爱德华。

奥古斯都(盖尤斯·尤利乌斯·凯撒·屋大维)(Augustus[Gaius Julius Caesar Octavianus]公元前 63—公元 14)——罗马皇帝(公元前 27—公元 14)。——56。

B

巴尔,海尔曼(Bahr, Hermann 1863—1934)——奥地利资产阶级政论家、小说家、文学评论家和剧作家。——5、105、108。

巴尔特,恩斯特·埃米尔·保尔(Barth, Ernst Emile Paul 1858—1922)——德国哲学家、社会学家和教育家;1890 年起为莱比锡大学教授。——7—9、20—21、23—24、26、44、46、58。

巴克兰,威廉(Buckland, William 1784—1856)——英国地质学家和教士,在自己的著作中企图把地质学材料同圣经传说调和起来。——79。

巴枯宁,米哈伊尔·亚历山大罗维奇(Бакунин, Михаил Александрович 1814—1876)——俄国无政府主义和民粹主义创始人和理论家;1840 年起侨居国外,曾参加德国 1848—1849 年革命;1849 年因参与领导德累斯顿起义被判死刑,后改为终身监禁;1851 年被引渡给沙皇政府,囚禁期间向沙皇写了《忏悔书》;1861 年从西伯利亚流放地逃往伦敦;1868 年参加第一国际活动后,在国际内部组织秘密团体——社会主义民主同盟,妄图夺取总委员会的领导权;由于进行分裂国际的阴谋活动,1872 年在海牙代表大会上被开除出第一国际。——36。

鲍威尔,埃德加(Bauer, Edgar 1820—1886)——德国政论家,柏林的青年黑格尔分子;恩格斯的朋友;1842 年为《莱茵报》的撰稿人;1843 年转到主观唯心主义立场,曾多次改变自己的政治观点;1848—1849 年革命后流亡英国;1859 年为伦敦《新时代》编辑;1861 年大赦后为普鲁士官员;布·鲍威尔的弟弟。——49。

鲍威尔,布鲁诺(Bauer, Bruno 1809—1882)——德国唯心主义哲学家、宗教和历史研究者,资产阶级激进主义者;早期为黑格尔正统派的拥护者,1839 年后成为青年黑格尔派的重要理论家,自我意识哲学的代表;1834 年起在柏林大学、1839 年起在波恩大学任非公聘神学讲师,1842 年春因尖锐批判圣经而被剥夺教职;1842 年为《莱茵报》撰稿人;1837—1842 年初为马克思的朋友;1842 年夏天起为"自由人"小组成员;1848—1849 年革命后为《新普鲁士报》(《十字报》)的撰稿人;1866 年后成为民族自由党人;写有一些基督教史方面的著作。——49。

倍倍尔,奥古斯特(Bebel, August 1840—1913)——德国工人运动和国际工人运动的活动家,职业是施工;德国工人协会联合会创始人之一,1867 年起为主席;第一国际会员,1867 年起为国会议员,1869 年是德国社会民主党创始人和领袖之一,《社会民主党人报》创办人之一;曾进行反对拉萨尔派的斗争,普法战争时期站在无产阶级国际主义立场,捍卫巴黎公社;1889、1891 和 1893 年国际社会主义工人代表大会代表;第二国际的活动家,在 19世纪 90 年代和 20 世纪初反对改良主义和修正主义;马克思和恩格斯的朋友和战友。——28、32。

比斯利,爱德华·斯宾塞(Beesly, Edward Spencer 1831—1915)——英国历史学家和政治活动家,资产阶级激进派;实证论者,伦敦大学教授;积极参加60 年代的民主运动,1864 年 9 月 28 日伦敦圣马丁堂会议的主席;1870—1871 年是争取英国政府承认法兰西共和国的运动的领导人之一;在英国报刊上为国际和巴黎公社辩护;同马克思保持友好关系。——60。

俾斯麦公爵,奥托(Bismarck〔Bismark〕, Otto Fürst von 1815—1898)——普鲁士和德国国务活动家和外交家,普鲁士容克的代表;曾任驻彼得堡大使(1859—1862)和驻巴黎大使(1862);普鲁士首相(1862—1872 和 1873—1890),北德意志联邦首相(1867—1871)和德意志帝国首相(1871—1890);1870 年发动普法战争,1871 年支持法国资产阶级镇压巴黎公社;主张以"自上而下"的方法实现德国的统一;曾采取一系列内政措施,以保证容克和大资产阶级的联盟;1878 年颁布反社会党人非常法。——47。

伯恩施坦,爱德华(Bernstein, Eduard 1850—1932)——德国银行雇员和政论家,1872 年起为德国社会民主工党党员,哥达合并代表大会代表(1875),卡·赫希柏格的秘书(1878);1880 年结识马克思和恩格斯,在他们的影响下成为科学社会主义的拥护者;《社会民主党人报》编辑(1881—1890)。——21、28。

伯麦,雅科布(Böhme, Jakob 1575—1624)——德国哲学家,鞋匠,自学成才,神秘主义和泛神论的代表,曾阐述一系列世界辩证发展的思想,多次被新教路德宗判为异端,禁其写作。——77。

博尔吉乌斯,瓦尔特(Borgius,Walther)——德国大学生。——54。

博林布罗克子爵,亨利·圣约翰(Bolingbroke, Henry Saint-John, Viscount 1678—1751)——英国自然神论哲学家、政论家和政治活动家,托利党领袖。——89。

博纳尔德子爵,路易·加布里埃尔·昂布鲁瓦兹(Bonald,Louis-Gabriel Ambroise,vicomte de 1754—1840)——法国政治家和政论家,保皇派,复辟时期的贵族和教权主义反动派的思想家。——32。

布莱特,约翰(Bright,John 1811—1889)——英国政治家,棉纺厂主,自由贸易派领袖和反谷物法同盟创始人;60年代初起为自由党(资产阶级激进派)左翼领袖;曾多次任自由党内阁的大臣。——95。

布劳恩,亨利希(Braun,Heinrich 1854—1927)——德国新闻工作者,社会民主党人,改良主义者,《新时代》杂志创办人之一,《社会立法和统计学文库》、《社会政治中央导报》等刊物的编辑,帝国国会议员。——61。

布雷默,尤利乌斯(Bremer,Julius)——德国社会民主党人,职业是雪茄烟工人;马格德堡工人组织的领导人。——109。

布伦坦诺,路德维希·约瑟夫(路约)(Brentano,Ludwig Joseph[Lujo]1844—1931)——德国资产阶级庸俗经济学家,讲坛社会主义者。——99。

布洛赫,约瑟夫(Bloch,Joseph 1871—1936)——德国新闻工作者和出版商,《社会主义月刊》编辑。——11。

布洛歇尔,海尔曼(Blocher,Hermann 1867—1942)——瑞士政论家,社会民主党人;后脱离工人运动。——49。

C

查理一世(Charles I 1600—1649)——英国国王(1625—1649),17世纪英国资产阶级革命时期被处死。——87。

察赫尔,格奥尔格(Zacher,Georg 1854—1923)——德国法学家,柏林政治警察局局长;《赤色国际》一书的作者。——36。

D

达尔文,查理·罗伯特(Darwin,Charles Robert 1809—1882)——英国自然科
学家,科学的生物进化论的奠基人。——74。

丹尼尔逊,尼古拉·弗兰策维奇(Даниелъсон,Николай Францевич 笔名尼古
拉-逊 Николай-он 1844—1918)——俄国经济学家、政论家和民粹派思想
家;曾与马克思和恩格斯通信,把马克思的《资本论》第一、二、三卷译成俄
文(第一卷是和格·亚·洛帕廷合译的)。——29、38、50。

德谟克利特(Demokritos[Democritus]约公元前 460—370)——古希腊哲学
家,原子论的主要代表,留基伯的学生。——77。

邓斯·司各脱,约翰(Duns Scotus,John 1265 前后—1308)——苏格兰经院哲
学家和神学家;唯名论(唯物主义在中世纪的最初表现)的代表人物;著有
《牛津文集》。——76。

迪斯累里,本杰明,比肯斯菲尔德伯爵(Disraeli[D'Israeli],Benjamin,Earl of
Beaconsfield 1804—1881)——英国政治活动家和著作家,40 年代参加"青
年英国";托利党领袖,19 世纪下半叶为保守党领袖;曾任财政大臣(1852、
1858—1859 和 1866—1868),内阁首相(1868 和 1874—1880)。——96。

笛卡儿,勒奈(Descartes,René 1596—1650)——法国二元论哲学家、数学家和
自然科学家。——8、90。

杜林,欧根·卡尔(Dühring,Eugen Karl 1833—1921)——德国折中主义哲学
家和庸俗经济学家,小资产阶级社会主义者,形而上学者;在哲学上把唯心
主义、庸俗唯物主义和实证论结合在一起;在自然科学和文学方面也有所
著述;1863—1877 年为柏林大学非公聘讲师;70 年代他的思想曾对德国社
会民主党部分党员产生过较大影响。——73—74、109。

多德威尔,亨利(Dodwell,Henry 死于 1784 年)——英国唯物主义哲学家。
——78。

E

恩斯特,保尔(Ernst,Paul 1866—1933)——德国政论家、批评家和剧作家;80

年代末加入社会民主党;"青年派"领袖;1891 年被开除出社会民主党,后来归附法西斯主义。——4、104—105、107—111。

F

菲力浦二世·奥古斯特(Philippe II Auguste 1165 — 1223)——法国国王(1180—1223);1189—1191 年第三次十字军征讨的首领。——46。

费尔巴哈,路德维希(Feuerbach,Ludwig 1804—1872)——德国唯物主义哲学家,德国古典哲学的代表人物。——20。

费希特,约翰·哥特利布(Fichte,Johann Gottlieb 1762—1814)——德国哲学家,德国古典哲学的代表人物,主观唯心主义者。——45。

弗里布尔,厄内斯特·爱德华(Fribourg,Ernest-Édouard)——法国工人运动活动家,职业是雕刻工,后为商人;右派蒲鲁东主义者;1864 年 9 月 28 日伦敦圣马丁堂会议的参加者,国际巴黎支部的领导人之一,伦敦代表会议(1865)和日内瓦代表大会(1866)代表;多家工人报纸的编辑部成员;1867 年作为记者参加洛桑代表大会;1871 年出版敌视国际和巴黎公社的《国际工人协会》一书。——36。

弗里德里希二世,弗里德里希大帝(Friedrich II,Friedrich der Große 1712—1786)——普鲁士国王(1740—1786)。——28。

弗里德里希-威廉(Friedrich-Wilhelm 1620 — 1688)——勃兰登堡选帝侯(1640—1688)。——47。

浮士德(Faust)——歌德同名悲剧中的主要人物。——81。

福斯特,威廉·爱德华(Forster,William Edward 1818—1886)——英国工厂主和政治活动家,自由党人,议会议员(1861 年起),曾任爱尔兰事务大臣(1880—1882);奉行残酷镇压爱尔兰民族解放运动的政策。——94—95。

G

戈尔登贝格,约瑟夫·彼得罗维奇(Голденберг,Иосиф Петрович 化名梅什柯夫斯基 Мешковский 1873—1922)——俄国社会民主党人,1890 年起在国

外学习,1903 年起为布尔什维克;第一次世界大战期间加入护国派,1920
年重新加入布尔什维克。——50。

歌德,约翰·沃尔弗冈·冯(Goethe, Johann Wolfgang von 1749—1832)——德
国诗人、作家、思想家和博物学家。——81。

格拉德瑙尔,格奥尔格(Gradnauer, Georg 1866—1946)——德国社会民主党
人,90 年代是一些工人报纸和社会民主党报纸的编辑。——37。

古尔德,杰伊(Gould, Jay 1836—1892)——美国铁路企业主和金融家。
——16。

H

哈勒,卡尔·路德维希·冯(Haller, Carl Ludwig von 1768—1854)——瑞士法
学家和历史学家,阿·冯·哈勒的儿子。——32。

哈里逊,弗雷德里克(Harrison, Frederic 1831—1923)——英国法学家和历史
学家,资产阶级激进派,实证论者,曾积极参加 60 年代英国民主运动,国际
会员。——60。

哈特莱,大卫(Hartley, David 1705—1757)——英国医生,唯物主义哲学家。
——78。

海涅,亨利希(Heine, Heinrich 1797—1856)——德国诗人,革命民主主义运动
的先驱,马克思一家的亲密朋友。——10。

贺拉斯(昆图斯·贺拉斯·弗拉克)(Quintus Horatius Flaccus 公元前 65—
8)——罗马诗人。——23。

赫胥黎,托马斯·亨利(Huxley, Thomas Henry 1825—1895)——英国自然科
学家,生物学家;达尔文的朋友和信徒及其学说的普及者,在哲学方面是不
彻底的唯物主义者。——60。

黑格尔,乔治·威廉·弗里德里希(Hegel, Georg Wilhelm Friedrich 1770—
1831)——德国古典哲学的主要代表。——9、19、21、23、25—27、32、45、
65、82。

亨利七世（Henry VII 1457—1509）——英国国王（1485—1509）。——88。

亨利八世（Henry VIII 1491—1547）——英国国王（1509—1547）。——88。

亨宁，莱奥波德·多罗泰乌斯·冯（Henning, Leopold Dorotheus von 人称冯·申霍夫 von Schönhoff 1791—1866）——德国哲学家，黑格尔主义者，1825 年起为柏林大学教授；《科学评论年鉴》编辑（1827—1847）；黑格尔著作的编者之一。——25。

霍布斯，托马斯（Hobbes, Thomas 1588—1679）——英国哲学家，机械唯物主义的代表人物，早期资产阶级天赋人权理论的代表。——19、77—79、89。

J

基佐，弗朗索瓦·皮埃尔·吉约姆（Guizot, François-Pierre-Guillaume 1787—1874）——法国政治家和历史学家，奥尔良党人；1812 年起任巴黎大学历史系教授，七月王朝时期是立宪君主派领袖，历任内务大臣（1832—1836）、教育大臣（1836—1837）、外交大臣（1840—1848）和首相（1847—1848）；代表大金融资产阶级的利益。——56。

济金根，弗兰茨·冯（Sickingen, Franz von 1481—1523）——德国骑士，曾参加宗教改革运动，1522—1523 年反对特里尔大主教的骑士起义的领袖；在兰茨胡特的城堡遭攻击时丧生；拉萨尔的剧本《弗兰茨·冯·济金根》中的济金根的原型。——86。

加尔文，让（Calvin, Jean 1509—1564）——法国神学家和宗教改革运动的活动家，新教宗派之一加尔文宗的创始人。——45、59、86—87。

居利希，古斯塔夫·冯（Gülich, Gustav von 1791—1847）——德国资产阶级经济学家和经济史学家，德国保护关税派领袖；写有国民经济史方面的著作。——57。

K

卡特赖特，埃德蒙（Cartwright, Edmund 1743—1823）——英国牧师、发明家和机械师，第一台获得专利的机械织布机的发明者。——92。

凯撒(盖尤斯·尤利乌斯·凯撒)(Gaius Julius Caesar 公元前 100—44)——罗马统帅、国务活动家和著作家。——56。

康德,伊曼努尔(Kant,Immanuel 1724—1804)——德国古典哲学的创始人,唯心主义者;也以自然科学方面的著作闻名。——19、25、45、64—65、82。

考茨基,卡尔(Kautsky,Karl 1854—1938)——德国历史学家和政论家,社会民主党人,《新时代》杂志编辑。——28、31。

考茨基,路易莎(Kautsky,Louise 父姓施特腊塞尔 Strasser,第二个丈夫姓弗赖贝格尔 Freyberger 1860—1950)——奥地利社会主义者;《女工报》编辑部成员,1891 和 1893 年国际社会主义工人代表大会代表;1890 年起为恩格斯的秘书;卡·考茨基的第一个妻子。——41。

考尔德,威廉(Coward,William 1656 前后—1725)——英国医生,哲学家,唯物主义者。——78。

柯林斯,安东尼(Collins,Anthony 1676—1729)——英国唯物主义哲学家。——78。

柯瓦列夫斯基,马克西姆·马克西莫维奇(Ковалевский,Максим Максимович 1851—1916)——俄国社会学家、政治活动家、历史学家、民族学家和法学家;资产阶级自由主义者;曾将比较法学的方法运用于民族学和早期历史;写有原始公社制度方面的著作。——75。

科布顿,理查(Cobden,Richard 1804—1865)——英国工厂主,自由党人,自由贸易的拥护者,反谷物法同盟创始人,议会议员(1841—1864);曾参加多次国际和平主义者代表大会,如 1850 年 8 月美因河畔法兰克福和平主义者代表大会。——95。

克伦威尔,奥利弗(Cromwell,Oliver 1599—1658)——英国国务活动家,17 世纪英国资产阶级革命时期资产阶级和资产阶级化贵族的领袖;1649 年起为爱尔兰军总司令和爱尔兰总督,1653 年起为英格兰、苏格兰和爱尔兰的护国公。——56、87。

孔德,奥古斯特(Comte,Auguste 1798—1857)——法国哲学家和社会学家,实证论的创始人。——59—60。

L

拉布里奥拉,安东尼奥(Labriola,Antonio 1843—1904)——意大利哲学家和政
论家,社会主义者;意大利第一批马克思主义宣传者之一;1893 年国际社会
主义工人代表大会代表。——68。

拉法格,保尔(Lafargue,Paul 笔名保尔·洛朗 Paul Laurent 1842—1911)——
法国医生和政论家,法国工人运动和国际工人运动的活动家,大学生运动
的参加者;1865 年流亡英国,国际总委员会委员,西班牙通讯书记(1866—
1869);曾参加建立国际在法国的支部(1869—1870)及在西班牙和葡萄牙
的支部(1871—1872);巴黎公社的支持者(1871),公社失败后逃往西班
牙;《解放报》编辑部成员,新马德里联合会的创建人之一(1872),海牙代表
大会(1872)代表,法国工人党创始人之一(1879);1882 年回到法国,《社会
主义者报》编辑;1889 年国际社会主义工人代表大会的组织者之一和代表,
1891 年国际社会主义工人代表大会代表;法国众议院议员(1891—1893);
马克思和恩格斯的学生和战友;马克思女儿劳拉的丈夫。——10、68、74。

拉夫莱男爵,埃米尔·路易·维克多(Laveleye,Émile-Louis-Victor,baron de
1822—1892)——比利时历史学家和经济学家,庸俗政治经济学的代表人
物。——36。

拉普拉斯,皮埃尔·西蒙(Laplace,Pierre-Simon 1749—1827)——法国天文学
家、数学家和物理学家,不依靠康德而独立地阐发了并且从数学上论证了
太阳系起源于星云的假说(1796),并阐发了概率论(1812)。——80。

拉萨尔,斐迪南(Lassalle,Ferdinand 1825—1864)——德国工人运动中的机会
主义代表,1848—1849 年革命的参加者;全德工人联合会创始人之一和主
席(1863);写有古典古代哲学史和法学史方面的著作。——73、101。

拉韦涅-佩吉朗,莫里茨(Lavergne-Peguilhen,Moritz 1801—1870)——德国历
史学家和经济学家,属于所谓浪漫学派。——32、34、42。

莱布尼茨男爵,哥特弗里德·威廉(Leibniz [Leibnitz],Gottfried Wilhelm

Freiherr von 1646—1716)——德国自然科学家、数学家和唯心主义哲学家。
——25、64。

莱辛,哥特霍尔德·埃夫拉伊姆(Lessing, Gotthold Ephraim 1729—1781)——
德国作家、评论家、剧作家和文学史家,启蒙思想家。——28、43—44、46。

兰普卢,乔治·威廉(Lamplugh, George William 1859—1926)——英国地质学
家。——41。

理查一世(狮心理查)(Richard I, Lion-Hearted 1157—1199)——英国国王
(1189—1199)。——46。

卢格,阿尔诺德(Ruge, Arnold 1802—1880)——德国政论家,青年黑格尔分
子,《哈雷年鉴》的出版者,《莱茵报》的撰稿人,1843—1844年同马克思一
起筹办并出版《德法年鉴》;1844年中起反对马克思,1848年为法兰克福国
民议会议员,属于左派,50年代是在英国的德国小资产阶级流亡者领袖之
一;1866年后成为民族自由党人。——49。

卢梭,让·雅克(Rousseau, Jean-Jacques 1712—1778)——法国启蒙运动的主
要代表人物,民主主义者,小资产阶级思想家,自然神论哲学家。——45。

路德,马丁(Luther, Martin 1483—1546)——德国神学家,宗教改革运动的活
动家,德国新教路德宗的创始人;德国市民等级的思想家,温和派的主要代
表;在1525年农民战争时期,站在诸侯方面反对起义农民和城市平民。
——45、86。

路易-菲力浦一世(路易-菲力浦),奥尔良公爵(Louis-Philippe I[Louis-Phi-
lippe], duc d'Orléans 1773—1850)——法国国王(1830—1848)。——
88、94。

罗舍,玛丽·埃伦(彭普斯)(Rocher, Mary Ellen[Pumps] 父姓白恩士 Burns 约
生于1860年)——恩格斯的内侄女。——22、25、41。

罗舍,珀西·怀特(Rosher, Percy White)——英国商人,1881年起为玛·埃·
白恩士的丈夫。——22、25。

罗生克兰茨,约翰·卡尔·弗里德里希(Rosenkranz, Johann Karl Friedrich 1805—1879)——德国作家、哲学家和文学史家,保守党人,黑格尔主义者。——25。

洛克,约翰(Locke, John 1632—1704)——英国唯物主义经验论哲学家和经济学家,启蒙思想家,早期资产阶级天赋人权理论的代表。——19、78—79。

洛里亚,阿基尔(Loria, Achille 1857—1943)——意大利社会学家和经济学家,庸俗政治经济学的代表人物。——3—4、68。

M

马尔维茨,弗里德里希·奥古斯特·路德维希(Marwitz, Friedrich August Ludwig 1777—1837)——普鲁士将军和政治活动家,写有战争史回忆录。——32。

曼纳斯,约翰·詹姆斯·罗伯特,拉特兰公爵(Manners, John James Robert, Duke of Rutland 1818—1906)——英国国务活动家,托利党人,后为保守党人,40年代参加"青年英国",议会议员,屡任保守党内阁的大臣。——96。

曼特尔,吉迪恩·阿尔杰农(Mantell, Gideon, Algernon 1790—1852)——英国地质学家和古生物学家,在自己的著作中企图把科学材料同圣经传说调和起来。——79。

毛勒,格奥尔格·路德维希(Maurer, Georg Ludwig 1790—1872)——德国历史学家,古代和中世纪的日耳曼社会制度的研究者;写有中世纪马尔克公社的农业史和制度史方面的著作。——9。

梅林,弗兰茨(Mehring, Franz 1846—1919)——德国历史学家和政论家,80年代成为马克思主义者;《新时代》杂志编辑,戏剧团体"自由人民舞台"秘书,德国社会民主党左翼领袖;在德国共产党成立时发挥了重要作用;写有《马克思传》以及德国史和社会民主党史方面的著作。——28—29、31、42—44、46。

梅斯特尔(德·梅斯特尔)伯爵,约瑟夫·玛丽(Maistre〔De Maistre〕, Joseph-Marie, comte de 1753—1821)——法国作家,保皇党人,贵族和教权主义反动派的思想家。——32。

孟德斯鸠,沙尔(Montesquieu, Charles 1689—1755)——法国哲学家、社会学家、经济学家,18世纪资产阶级启蒙运动的主要代表,立宪君主制的理论家;货币数量论的拥护者;早期资产阶级天赋人权理论的创始人之一。——45。

弥勒,亚当·亨利希,尼特多夫骑士(Müller, Adam Heinrich, Ritter von Nitterdorf 1779—1829)——德国政论家和经济学家;德国政治经济学中反映封建贵族利益的浪漫学派的代表人物,亚·斯密的经济学说的反对者。——32。

米涅,弗朗索瓦·奥古斯特·玛丽(Mignet, François-Auguste-Marie 1796—1884)——法国历史学家,早年研究法律,并获得律师资格(1818),后进入巴黎新闻界,为《法兰西信使报》撰稿人,《国民报》创办人之一(1830);写有《法国革命史》等历史著作。——56。

摩尔根,路易斯·亨利(Morgan, Lewis Henry 1818—1881)——美国法学家、民族学家、考古学家和原始社会史学家,进化论的代表,自发的唯物主义者。——56。

穆迪,德怀特·莱曼(Moody, Dwight Lyman 1837—1899)——美国传教士,新教教会活动家。——93。

N

拿破仑第一(拿破仑·波拿巴)(Napoléon I[Napoléon Bonaparte]1769—1821)——法国皇帝(1804—1814和1815)。——5、18、55—56、80、106。

拿破仑第三(路易-拿破仑·波拿巴)(Napoléon III[Louis-Napoléon Bonaparte]1808—1873)——法兰西第二共和国总统(1848—1851),法国皇帝(1852—1870),拿破仑第一的侄子。——93。

O

欧文,罗伯特(Owen, Robert 1771—1858)——英国空想社会主义者。——79。

P

培根,弗兰西斯,维鲁拉姆男爵,圣奥尔本斯子爵(Bacon,Francis,Baron of Ve-rulam and Viscount of Saint Albans 1561—1626)——英国唯物主义哲学家、政治活动家和法学家、自然科学家和历史学家;英国启蒙运动的倡导者。——77—79。

裴斯泰洛齐,约翰·亨利希(Pestalozzi,Johann Heinrich 1746—1827)——著名的瑞士教育家,民主主义者。——58。

配第,威廉(Petty,William 1623—1687)——英国经济学家和统计学家,英国资产阶级古典政治经济学的创始人。——62。

彭普斯——见罗舍,玛丽·埃伦。

普利斯特列,约瑟夫(Priestley,Joseph 1733—1804)——英国化学家和唯物主义哲学家,英国资产阶级激进派的思想家,1774 年发现氧气;1794 年因拥护法国大革命而流亡美国。——78。

Q

乔纳森大哥——见特朗布尔,乔纳森。

R

茹柯夫斯基,尤利·加拉克季昂诺维奇(Жуковский,Юлий Галактионович 1822—1907)——俄国资产阶级庸俗经济学家和政论家;国家银行行长;曾撰写《卡尔·马克思和他的〈资本论〉一书》一文,攻击马克思主义。——39。

S

桑巴特,韦尔纳(Sombart,Werner 1863—1941)——德国庸俗经济学家,活动初期为讲坛社会主义者,晚年转向法西斯主义立场。——61、68。

桑基,艾拉·戴维(Sankey,Ira David 1840—1908)——美国新教传教士。——93。

舍夫茨别利伯爵,安东尼·阿什利·库珀(Shaftesbury, Anthony Ashley Cooper, Earl of 1801—1885)——英国政治活动家,40年代为议会中托利党人慈善家集团领袖,1847年起为辉格党人,议会议员,低教会派的拥护者,1855年为克里木英军医疗状况调查委员会主席;帕麦斯顿的女婿。——89。

圣西门,昂利(Saint-Simon, Henri 1760—1825)——法国空想社会主义者。——59—60。

施米特,康拉德(Schmidt, Conrad 1863—1932)——德国经济学家和哲学家;曾一度赞同马克思的经济学说。——3、7、14、22、25、64、68。

施穆伊洛夫,弗拉基米尔·雅柯夫列维奇(Шмуйлов, Владимир Яковлевич 生于1864年)——俄国社会民主党人,1887年后流亡德国,在那里参加革命运动;1892—1893年是德累斯顿地方社会民主党报纸的编辑;同劳动解放社有联系,并参加该社出版物转送到俄国的组织工作。——35。

司徒卢威,彼得·伯恩哈多维奇(Струве, Петр Бернгардович 1870—1944)——俄国资产阶级经济学家和政论家,"合法马克思主义者",1905年起是立宪民主党人,十月社会主义革命之后成为苏联的敌人,邓尼金和弗兰格尔反革命政府的成员,后为白俄分子。——50—51。

斯密,亚当(Smith, Adam 1723—1790)——英国经济学家,资产阶级古典政治经济学最著名的代表人物。——45、62。

梭伦(Solon 约公元前640—560)——雅典政治活动家和诗人,相传为古希腊"七贤"之一,在人民群众的压力下制定了许多反对氏族贵族的法律。——52。

T

泰斯特勒,海尔曼·奥古斯特(Teistler, Hermann August 生于1867年)——德国社会民主党人,"青年派"领袖之一;《萨克森工人报》编辑(1890)。——110。

特朗布尔,乔纳森(Trumbull, Jonathan 1710—1785)——美国传教士、神学家和政治活动家,商人;康涅狄格州州长(1769—1784)。——93。

滕尼斯，斐迪南（Tonnies，Ferdinand 1855—1936）——德国资产阶级社会学家和哲学家，基尔大学的教授。——58。

梯叶里，雅克·尼古拉·奥古斯坦（Thierry，Jacques-Nicolas-Augustin 1795—1856）——法国历史学家，早年热衷于圣西门的社会主义；写有诺曼人征服英格兰的历史和中世纪公社方面的著作。——56。

托里拆利，埃万杰利斯塔（Torricelli，Evangelista 1608—1647）——意大利物理学家和数学家；水银温度计的发明者，伽利略的学生。——55。

W

瓦克斯穆特，恩斯特·威廉·哥特利布（Wachsmuth，Ernst Wilhelm Gottlieb 1784—1866）——德国历史学家和语文学家，莱比锡大学历史学教授，《哈雷年鉴》和《德国年鉴》的书报检查官（1839—1842）；写有关于古希腊罗马和欧洲史方面的著作。——46。

瓦特，詹姆斯（Watt，James 1736—1819）——英国商人、工程师和发明家，万能蒸汽发动机的设计者。——92。

万德比尔特（Vanderbilt）——美国金融和工业巨头世家。——16。

威廉一世（胜者威廉）（Wilhelm I［William the Victorious］1797—1888）——普鲁士亲王，摄政王（1858—1861），普鲁士国王（1861—1888），德国皇帝（1871—1888）。——47。

维尔特，弗里德里希·莫里茨（Wirth，Friedrich Moritz 1849—1916 以后）——德国政论家。——7。

维勒，布鲁诺（Wille，Bruno 1860—1928）——德国作家和戏剧活动家；80年代末加入社会民主党，"青年派"领袖之一。——110。

沃尔弗，尤利乌斯（Wolf，Julius 1862—1937）——德国资产阶级经济学家，庸俗政治经济学的代表。——25、64。

Y

雅科比，弗里德里希·亨利希（Jacobi，Friedrich Heinrich 1743—1819）——德

国唯心主义哲学家,所谓信仰哲学的代表人物。——25。

易卜生,亨利克(Ibsen,Henrik 1828—1906)——挪威剧作家。——7、107。

Z

泽特贝尔,格奥尔格·阿道夫(Soetbeer,Georg Adolf 1814—1892)——德国经济学家和统计学家。——15。

项目统筹：崔继新

责任编辑：孔 欢

装帧设计：汪 莹

版式设计：王欢欢

责任校对：白 玥

图书在版编目（CIP）数据

恩格斯论历史唯物主义书信选编/恩格斯著;中共中央马克思恩格斯列宁斯大林
 著作编译局编译. -北京:人民出版社,2021.12
（马列主义经典作家文库）
ISBN 978－7－01－023847－0

Ⅰ.①恩… Ⅱ.①恩… ②中… Ⅲ.①马列著作-马克思主义 Ⅳ.①A811.63

中国版本图书馆 CIP 数据核字（2021）第 205152 号

书　　　名　**恩格斯论历史唯物主义书信选编**
　　　　　　　ENGESI LUN LISHI WEIWUZHUYI SHUXIN XUANBIAN
编 译 者　中共中央马克思恩格斯列宁斯大林著作编译局
出版发行　人民出版社
　　　　　　　（北京市东城区隆福寺街 99 号　邮编 100706）
邮购电话　（010）65250042　65289539
经　　　销　新华书店
印　　　刷　北京新华印刷有限公司
版　　　次　2021 年 12 月第 1 版　2021 年 12 月北京第 1 次印刷
开　　　本　635 毫米×927 毫米 1/16
印　　　张　11.25
插　　　页　1
字　　　数　126 千字
印　　　数　00,001-10,000 册
书　　　号　ISBN 978－7－01－023847－0
定　　　价　36.00 元